歴史文化ライブラリー
220

江戸時代の身分願望

身上《みあが》りと上下《うえした》無し

深谷克己

吉川弘文館

目　次

身分制を崩す売禄と献金

幕末江戸多摩の身分願望

身分制社会に生きた人びとの願望――プロローグ

本書は、江戸《えど》時代を生きた老若男女――「近世人《きんせいじん》」と呼んでもよい――の身分願望を、「身《み》上《あが》り」と「上《うえ》下《した》無《な》し」の葛藤《かっとう》ととらえて、通時的に、また全体を見わたせるように各地に事例をもとめて叙述したものである。

近世においては、「武士になりたい」という身分願望と、「百姓になりたい」という身分願望が、二つの大きな潮流になって流れていた。前者は「士分化《しぶんか》」願望と呼ばれるが、近年とみに、「由緒《ゆいしょ》」論と組み合わせる形で研究が活発になってきている。後者は、それに並行させれば「百姓化」願望だが、「戦後近世史研究」の最大の功績といってよい「小《しょう》農《のう》」の存在、あるいは「小農自立《しょうのうじりつ》」の論証は、実はそのことを明らかにしたものでもある。

「近世」という時代は、世界史の広さで、またアジア史のなかで設定できるとされているが、そのなかで日本近世史らしい最大の特徴は「兵農分離《へいのうぶんり》」だとされる。これは武士と百姓の家業・居所の分離を意味するから、「士分化」と「百姓化」は近世成立の前提でなければならない。実際、戦国末・織豊《しょくほう》期・江戸初頭にかけて、そのことが怒濤《どとう》のように進んだが、それで終息したのではなかった。権力と秩序の安定がかえって、地域事情による身上り運動を引き出し、怒濤のような兵農分離であったがゆえに揺り戻しの身上り行動を招き、不徹底に設けられた境界身分が近隣の身上り願望を刺激した。維新《いしん》前夜まで、社会の変動を反映しながら、身上りの願望・行動が繰り返し浮上した。

本書は、近世の「規範身分」に上昇しようとする「士分化」願望を中心軸にして叙述するが、「百姓化」願望も、全体を見わたすためには欠かせないものとして、どの時期についても補助線的に叙述しておきたい。というのは、「百姓化」願望は身上りの行動でもあるが、同時にそれは、江戸時代の最も代表的な「国家の民」として遍在する百姓身分への編入を求める「上下無し」願望の行動でもあったからである。

士分化・百姓化に紙幅の多くを割くことになるが、本書はそれだけに限定せず、「身上り」願望を柔軟に解して、近世に生きた人間の存在すべてに通有のものとして、ほかにもいくつかの事象を取りあげたい。それらの叙述のためには、あわせて近世身分制の考え方について、いささか通念をこえた提起を試みなければならない。

近世の身分意識と身分変動

下克上状況に挟まれた士農工商時代

近世の「規範身分」

日本史の近世《きんせい》は、織豊《しよくほう》時代と江戸時代を合わせた三〇〇年間ほどを指す。ふつうは幕藩体制《ばくはんたいせい》を中軸に近世日本を認識しようとするので、江戸時代の二六〇年間あまりを近世と呼ぶことが多い。世界史では、一三〇〇年ころから一八〇〇年ころまでを近世という時代でとらえることが提起されている。そこに日本史を組み込もうとすれば、応仁《おうにん》の乱《らん》以降、あるいは戦国時代の一六〇〇年あたりからを近世と見るのが一つの考え方である。中国史では一二世紀の朱子学《しゆしがく》登場以降を近世儒学《じゆがく》としているので、近世をどう考えるかにあたっては、東アジア諸社会の近世論との比較が避けられない。近年、一六世紀に「隷農制《れいのうせい》」の「アジア近世」「ヨーロッパ近世」「イスラム近世」が成立したという世界史論が出されている（佐々木潤之介『江戸時代論』吉川弘文館、二〇〇五年）。

本書では、近世を江戸時代とほぼ同義に用いることが多い。織豊時代は近世へ向けて新しい要素が表面化するが、できあがった時代の仕組みを叙述するのには江戸時代、近世幕藩体制を論じることが中心になるからである。そういう意味での近世日本を、身分制の角度から江戸時代の言葉で表すと、幕藩体制成立へ向かう移行期の「兵農分離《へいのうぶんり》」と、明治国家成立へ向かう移行期の「四民平等《しみんびょうどう》」との間の、二世紀半余に及ぶ長い時代ということになる。兵農分離は、中世《ちゅうせい》と近世とをくっきりと分ける画期であると同時に、江戸時代を貫く「状態」でもある。この状態を表すのに用いられた象徴的な言葉が、「士農工商《しのうこうしょう》」である。こうした言葉は、当時の人々が自分の住み暮らす社会の進み方やありさまを簡潔に体験的に表現するために用いたものだから、細部のすべてを正確に表現できていないところもあるが、事態を穿《うが》つ鋭さも持っている。

現代の歴史家からは、兵農分離については「士農分離」としたほうが適切だという意見も出されているし、中国の古典的な社会構成を示す士農工商は近世日本の身分関係の実態に適合していないという批判もある。たしかに、兵農だろうと士農だろうと、その限りでは、武士と農民を区別しただけである。士農工商にしても、区別されたのは四つである。工商を「町人」にしてみても、社会の身分ははるかに多様で複雑である。また、明治維新《めいじいしん》の四民平等についても、その後の皇族・華族・士族などの身分存在を表していないことにすぐ気づく。

しかし本書は、当時の世情や感覚になるべく近いところに視座をおいて叙述したいので、それらの言葉を、かえって時代の真実を大写しに表現しているものとして積極的に用いることにする。兵農分離や四民平等が、変動の時代の政策として、あるいは社会の趨勢《すうせい》として急速に進行した近世移行期や近代移行期では、戦乱内乱・一揆騒動《いっきそうどう》が茶飯事《さはんじ》の状態であった。そのなかで親子兄弟の対決さえもあえて仕掛けたり、鯉《こい》の瀧登《たきのぼ》りのように立身出《りっしんしゅっ》世《せ》を遂げたりする下克上の成功者・栄達者が次々と現れた。

近世へ向かう移行期の下克上は、「天下人《てんかびと》」もふくむ二〇〇〜三〇〇人の大名に駆け上るか、あるいはそれに奉公《ほうこう》する重臣から軽輩《けいはい》に至る上中下の武士として位置を得るか、ともあれ武士身分のなかに自分の社会的位置を獲得することであった。近世の人口構成の大まかな認識では、武士身分は七パーセントほどとされている。鎌倉《かまくら》政権以来、日本は武家政権ではあるが、戦国の争乱を主導したのも武士であり、また乱世から治世への転換を主導し惣無事《そうぶじ》の世を保証したのも武士であった。近世社会では、武士は中世の武士よりははるかに社会的に立場を上昇させており、治者としての名誉を公認された身分となった。治者の武士は、君主である将軍《しょうぐん》・大名《だいみょう》から直近《ちょっきん》の補佐役家老《かろう》、文武《ぶんぶ》の諸役務の諸士《しょし》まで垂直的に国家身分を構成した。役務を勤める諸士は、士農工商の「四民」へつながっている。内部の相違は大きいが、総じて江戸時代の武士は、「規範身分」となり、人間的倫理的に代表性を帯びていた。規範身分とは、時代の模範・基準、かくあるべしを体現する当為《とうい》身分という意味である。規範身分であるために、近世武士は鍛錬と教養、なによりも禁欲的な寡黙《かもく》・所作《しょさ》を求められたが、ともあれそうした武士を取り巻く身分関係のすべてに大きな影響を与えた。

無礼討《ぶれいう》ちのような武士だけに許される実力行使の特権は、武士の地位の高さを示すものであり、その高さに見合う名誉を守るための武士の側の責務でもあった（谷口眞子『近世社会と法規範』吉川弘文館、二〇〇五年）。それは、近世の武士が江戸時代の「規範身分」だったからである。ただし、武士の実力行使の領域は残されたが、放伐《ほうばつ》（革命）は思想も行動も否定され、下克上的な立身や仕官も否定された。規範性は武士を筆頭に、士農工商それぞれの身分ごとに成立し、それぞれへの帰属意識（身分アイデンティティ）が浸透し、良き武士、良き百姓、良き職人、良き商人になることをかくあるべしと当為的に追求した。それでも、より上位への「身上り」願望は立ち消えることがなかった。

士農工商の社会は、一方では「士」を、家職家業《かしょくかぎょう》は異なっても「四民」として身近な存在と感じているが、同時に憚《はばか》りと畏《おそ》れの態度で応じることが常態とされた。武士は、時に「民」と呼ばれたが、その場合でも筆頭者、上位者として扱われるのがあたりまえであった。

法令も、武士への農工商の無礼を繰り返し咎《とが》めた。農工商の上層は、可能なら武士、あるいは士分待遇、そのままでなくても士分的な表象の一部分でも許されることを望んだ。それもかなわなければ、先祖が士分の家筋につながる由緒《ゆいしょ》であることを記録や証明書で明らかにできる家系であることを望んだ。

時期によるちがいはあるが、各地で自家の由緒書が武士出自であることを中心の要件にして作成された（山本英二「浪人・由緒・偽文書・苗字帯刀」『関東近世史研究』二八、一九九〇年ほか）。由緒書は、一つの家が士分出身であることを記録するだけでなく、村や村の寺などの由緒の正しさも大事であり、こうした視点から村町・地域の地誌編纂が企画された。多様な由緒の中心には士分性ということがあり、江戸時代は、士分とのつながりを証明する由緒の証拠提出に、人々がおおいに苦心する時代であった。

身分の分節化と身分別の支配

近世の支配体制は、鎌倉時代以来の「武家政権」だが、「幕藩体制」と呼ばれるように、中央・地方の政治権力の網目は、鎌倉・室町《むろまち》幕府よりも、はるかに緻密《ちみつ》であった。しかし、近世では近代国家とちがい、藩は地方自治体ではなく、なお国家的性格を潜ませていた。年貢《ねんぐ》の独自な徴収でもわかるように、行政上の自主性も強かった（大名《だいみょう》自分《じぶん》仕置《しおき》）。金遣《きんづか》い銀遣《ぎんづか》いといわれる、経済の西と東の不統一性も明白で、社会組織の西国・東国の差異も大きかった。だからこそ統治の正統性・公法性を公儀《こうぎ》と称する機構に集約させて、公儀の優位性を認め、個別支配を超える権力体とした。公儀は、狭くは徳川氏《とくがわし》将軍を中心にした幕閣によって運営された、幕府と呼ばれる政治機構である。しかし広くは、公儀は大名全員がメンバーとなり、天皇も権威源泉としてふくめた権力体の総称であり、大名は知行地《ちぎょうち》では「公儀名代《こうぎみょうだい》」として領民に対した。藩政は公儀に監視されたが（公儀巡見使《こうぎじゅんけんし》）、監視は、幕政モデルの公儀支配と相違点があるかどうかを点検するもので、幕府の政治通りの藩政を強制することはなかった。公儀への聞こえ、憚《はばか》りという藩側の自主規制に委ねる方式がとられたのである。こうした主従関係のもとで、近世大名の藩は戦国時代の一円支配力《いちえんしはいりょく》を引き継ぐ国家的性格を伏在させ、この性格は明治維新まで続いた。

公儀に結集した将軍・大名関係では、将軍は天から百姓を預り（公儀百姓）、大名が知《ち》行高《ぎょうだか》に応じて百姓を預り支配する（預治《よじ》）。それぞれの領地で、「無事《ぶじ》」と「安民《あんみん》」を保証する仁政徳治《じんせいとくち》が責務であった。こうした政治文化は東アジア全域の共通分母になっているもので、濃縮させれば君主制民本主義と表現できるものである。

大名の責務遂行を補佐するのが、上級家臣の家老であり、実務を家中の諸士が担った。

「武家諸法度《ぶけしょはっと》」が対象とする大名らの上級武士と、「諸士法度《しょしはっと》」が対象にする家中《かちゅう》家臣には、大きな開きがあった。近世武士は、治者としての立場を確保したが、自己改造を強いられた。槍働《やりばたら》きで軍功を競う「乱世の忠」ではなく、「百姓成立《ひゃくしょうなりたち》」の環境を支える「無事の忠」が求められた。近世の武士は、武士と呼ばれても、戦士から役人（幕府・藩役人）への転身をふだんに強いられ、「近世的官僚（吏僚《りりょう》）」になることを求められた。この流れに抵抗したのが、いわゆる「かぶき者」である。

近世日本は、とくに支配機構の秩序維持の方法として身分制を細かに編んだ。それは殉《じゅん》死《し》に象徴される人格的依存関係の過剰さを克服するために、役目・職務・業種への献身を引き出すためでもあった。また、先述の幕藩制支配の重層性や分立制の弱さを克服するためでもあった。

士農工商は、役目・職務・業種によって編制される近世身分制をよく表現している。役目・職務・業種は個人に課されるが、請けた個人は、「家役《かやく》・家職《かしょく》・家業《かぎょう》」というように、「家」の責任行為として受けとめ、その家族メンバーもそのように認識した。「士農工商」という用語がふだんに使われたことは、江戸時代が身分制度・世襲制度の隅々までゆきわたった身分制社会だった証だと考えられている。

身分、身分制についてはむつかしい論点がいくつもあって、見解も分かれがちだが、近世的な身分制とはなんだろうか。身分関係・身分制度は、古代・中世にもあり、明治以降の近代でも華族・士族・平民の区別は身分にほかならない。現代日本も極少的にだが身分存在を許容している。そうした身分・身分制の歴史のなかで、近世的な身分制度の特徴はどこにあるのか。

近年では、近世の身分関係を、武士は軍役《ぐんやく》、百姓は百姓役《ひゃくしょうやく》（人足役《にんそくやく》）などの役論《やくろん》で説き、近世国家を役《やく》の体系から説明することもある。ある角度から見れば整合性のある説明であり、たくみな説明のようにも見える。しかし、本書は「士分化」現象に大きな比重をおくが、軍役負担者になることを望むという身上《みあが》り願望論では、とうてい全貌を説明できない。身分の上下と尊卑の違いも、役論では出てこない。それに、膨大な近世人が役身分論では放置されるままになる。

また近年、従来の近世史研究で成果が蓄積され、よく知られるようになった基幹的な身分の外側に雑多に、何層にも広がり、交錯しあう諸身分諸生業者をとらえるための学問的試みが開始されている。すでに、その成果には大きなものがあり、近世社会論を揺さぶりはじめている（身分的周縁研究会『シリーズ近世の身分的周縁』全六巻、二〇〇〇～二〇〇一年）。身分の上昇・平準の願望と行動を取りあげる本書は、そうした身分論の成果に大いに裨益《ひえき》され、刺激を受けているが、全体を過不足なく説明するためには、もう少しちがった概念の道具立てを工夫せざるをえない。明解にたどりついたとはいえないが、とりあえず以下のような試論を立ててのぞみたいと思う。

　本書は、いくつもの分節的な、あるいは独自性のある身分関係が束ねられ、それらの総体が近世身分制をつくっていたと理解する。束ねの中軸は、「公民身分制《こうみんみぶんせい》」である。「公民」のなかで最も人数が多く「国家の民」として位置づけられたのは「百姓」である。「民百姓《たみひやくしよう》」とも称され、法令に「国民」――「国」は領国領域だが――と明記されることもあった。本書は、士分化願望に重点をおくが、近世社会には百姓化願望も根強く流れており、それは公民化願望と等しかった。本書には平等化平均化の願望と行動を一再ならず取りあげるが、じつはそれは近世では百姓化願望とほぼ同じである。

　こうした近世の公民身分を、中国古典から借り、社会慣習として言い表したのが「士農工商」である。そして、どの公民身分の社会も、その周縁に埋葬や警備や清掃などの非公民賤民《せんみん》身分民衆の活動があって再生産が可能であった。そこにある身分制は、「非公民身分制」、あるいは良賤《りようせん》身分制である。この身分制には尊卑観念がついてまわった。「非公民身分制」の存在の起点は、社会の「有用性」――役に立つ程度、公的な仕事のとらえ方の幅――についての認識あるいは価値観の幅のちがいにあると考えられる。いうまでもなく他者認識、ないしは社会総体の認識である。不可欠であるにもかかわらず周縁的端末的と見られている仕事の従事者は、「公民」の側が自分の職業の公共性、普遍性、有用性を訴えれば訴えるほど、他極の側に「非公民」化されるという力学関係になる。

農民一般ではなく「御百姓《おひやくしよう》」として位置づけられる時、それは「御百姓」を「相勤《あいつとめ》る」という公的存在になるのであり、それを正当性の根拠にして近世農民は生活擁護の訴訟行動を頻繁に行ったのだが、こうした御役に立つ公的存在であることの主張が始まる、その瞬間に、役立たない存在、役立ちの程度の劣る存在への「差別視」が芽生えることが避けられない。このことは「公民」社会の内部において、公的貢献の順位付けによって身分序列を階梯化させていく根拠ともなる。

これら被治者身分制の上部にあるのは、武家の職階、公家《くげ》の職階、寺社家の職階という、門閥由緒と嚙み合わさった、生業・家職家業というよりもっと細かな役職の編み目になっている「治者身分制」あるいは国家身分制である。「規範身分」のうちの一般武士は、時に「士民」と区別され、時に「四民」と同列視されることも多い、流動性・境界性を帯びた存在であった。士分化願望が根強いのは、治者としての「規範身分」に対する憧憬《どうけい》だけでなく、その近接性にもよっていた。

「士」であり「民」であるというような曖昧《あいまい》さは、歴史学を悩ませるが、そうした曖昧さ（両義性）は歴史そのものが帯びているものともいえよう。身分研究は多大な蓄積があるが、取りあげてこなかった問題も多い。公民身分制における「士」と、治者（国家）身分制における「士」の関係については、今後も検討を続けたいが、「武家」（大名）と「諸士」（家中《かちゅう》家臣）という法制上の相違は、ヒントの一つである。また、一人の人間は一〇〇パーセントある身分に属して、同時に他の身分ではないという認識は、それ自体思いこみである。十分の九は百姓で十分の一だけ武士であるというような存在は、けっして異様ではない。戦国武士は、根本においてそういう存在である。両身分を期間限定で往来する人間がいるというのも、けっしておかしなことではない。一個の家族のなかに異なる身分に属する者がいる状態は、近世にも少なくない。そうした状態を認識する定義と概念を持っていないだけである。本書では、考えるべき課題が身分関係には多いことを指摘しつつ、なるべく現実を理解しやすくするために仮定的な説明概念を多発し、議論の余地を残しておきたい。

公民・非公民・治者の身分制体系のほかにもう一つ、上下すべての身分制に随伴、あるいは全面をおおっていたのは、「ジェンダー身分制」あるいは男女身分制である。ここにも、尊卑観が持ち出されることが多かった。ただし、男女もふくめ、嫡男と弟、親と子、主人と奉公人・徒弟《とてい》という生活差別のある関係を身分制的に表現しようとすれば、「家族身分制」という枠組みでとらえたほうが適切かもしれない。いずれにせよ近世の身分階梯は、一本の物差しに差別度順に上下に並べられているのではなく、異質な物差しの分節的総合であった。もちろん、それらの間には相関関係がある。しかし形成や変化の仕方には異なる要素が働き、速度も同じではない。

近世的な身分制度の大きな特徴の第二は、「近世人《きんせいじん》」（深谷克己『近世人の研究』名著刊行会、二〇〇三年）は、身分の上下にかかわらず身分別――先のすべての身分区分ではない――に支配を受けたということである。明治時代になっても身分が再編され、社会的特権が残ったが、近世のように身分別に支配されたのではない。「近代人」は居住空間ごとに「国民」として管轄され、この点で扱いの平均化が大きく進んだ。

身分別の支配をわかりやすい例で示そう。江戸には南北の町奉行所《まちぶぎょうしょ》があったが、町奉行所は江戸に住むすべての人間を支配したのではない。町（町方《まちかた》）とされた区域内の町人身分の者とその家族・奉公人、町人が所持する借家と表・裏長屋《ながや》の住民、路上や辻《つじ》で商う者や無宿《むしゅく》・野非人《のびにん》を支配・管理の対象にした。

江戸では、町屋を借りる武士家族、武家地の組屋敷を借りる町人などの混住が進んだ。しかし、町奉行所は町方の訴訟を受理し町方の犯罪を捜査した。武家地に住む町人は支配の対象にできたが、武家とその家宅を捜索できなかった。江戸には将軍直臣《じきしん》の旗本《はたもと》・御家《ごけ》人《にん》が多数居住し、その用人や奉公人などが多数暮らしていたが、彼らは江戸城に勤務する当主、その家族、従者として、若年寄《わかどしより》の支配を受けた。また全国の大名は藩邸を持ち、みずからも国許《くにもと》と隔年往復し、江戸家老以下の藩士、大名家族、中間《ちゅうげん》・奉公人が多数暮らしたが、彼らに対しても町奉行所は支配違いとして手をだせなかった。さらに江戸には多くの寺社があったが、住職・神職《しんしょく》や家族・奉公人らは寺社奉《じしゃぶ》行《ぎょう》が支配した。

江戸朱引図《しゅびきず》は、身分別支配の好例である。膨張し続ける江戸は、町数で一七世紀前半に三〇〇町ほどが、一八世紀後半には一七〇〇町ほどにまで増えた。江戸の拡大は、年貢上納の百姓が住む村方《むらかた》の町場化として進んだから、支配筋《しはいすじ》の混乱をまねいた。文政《ぶんせい》元年（一八一八）、老中《ろうじゅう》が、江戸（「御府内《ごふない》」）の範囲を決定し、絵図面に朱の線を引いて江戸の範囲を決めたため、以後「御府内」を「朱引内《しゅびきうち》」と称した。ところが絵図の線は朱線だけではなく、もう一本、寺社奉行の支配範囲の黒い線が引かれており、それが朱線とずれている。これは、寺社奉行が「御府内」として支配する際の江戸の範囲が、町奉行が支配する「御府内」の範囲と一致していないからである。また、旗本・御家人が「御府内」を離れる際に届け出を義務づけられる江戸も、「朱引内」と同じではなかった。

これは、人を身分別に把握し支配する身分制度から生じた支配空間の異同だが、それを終らせたのが明治四年（一八七一）四月布告の戸籍法である。この時、はじめて区域内の住民を、「国民」一般として把握するようになったのである。

上昇願望と平等願望の近世的な関係性

どんな社会でも、上昇したいという欲求と、平等でありたいという欲求を表裏一体の形で持っている。だが、上昇志向は他者の上昇を阻む気持ちと隣接し、平等の願望は、他者が自分を超えたり、下から追いつくことを阻みたい欲求と隣接する。両方は、自由と平等の関係のように、補い合うみたいだが深く対立している。ただし、このことをいうだけなら、ちょうど人間は細胞の集まりだとか身体は水分が大半だと指摘するのと同じで、人間・社会の次元で議論したことにはならない。

上昇と平等の願望の現れ方、ぶつかり合い方は、社会の歴史性に規定される。個々の人柄に解消できない、集合体として社会が帯びる特性が、二つの願望の関係性に関わる。近世日本が上昇意識と平等意識の関係についてどういう性格を持った社会であるかについては、先に、戦国乱世から江戸治世への転換にあたって下克上の達成者を多数ふくむ武士が、惣無事《そうぶじ》体制を管轄する治者の位置に上り、農工商の民間社会がそれに憧憬感を持ち、一目おく上位名誉の「規範身分」に定着したと指摘した。

だが、近世社会の身分意識・身分行動について、「武士になりたい」ということを表わす心事や行為を選んで論じるだけでは、近世社会の上昇願望と平等願望の全容を的確に取り上げたことにはならない。上昇願望と平等願望は、どの身分集団にも渦巻いていた。どの身分集団も上下の身分階層を持っていたからである。士分化願望はそのうちで、士と農工商が接する境界で強まり、現実性を帯びた。

したがって身分的上昇願望の全体を表現するには、士分化願望ではなく、「身上り」願望という表現で言い表した方がよい。身上りとは、美濃国《みののくに》（現、岐阜県）の農村社会の身分軋轢《あつれき》でよく用いられた言葉で、研究も多い（西脇康「近世村落における「身上り」闘争の特質」『岐阜史学』七〇号、一九七九年ほか）。これは、近世社会の全域にあてはまる身分言語である。同時に身上りは、近世社会が身分撤廃思想を育むのではなく、「抜け上がる」ことを目ざすという特徴を持つ平等化志向の社会であったことをも表している。

武士社会は、他身分よりも複雑な「治者身分制」の上下・横列関係を築いた。由緒《ゆいしょ》からくる家格《かかく》の上下と、次々設けられる新規役職の上下が干渉しあい、仕組みを複雑にしたからである。近世では、治者としての武士の役職は現実の必要から増えていくばかりであり、そのため武士の身分構成は、他の身分とくらべてもっとも複雑、多様であった。門閥制度《もんばつせいど》を親のかたきと述べた福沢諭吉《ふくざわゆきち》の『福翁自伝《ふくおうじでん》』は、そうした身分制の幕末の状態を反映したものである。武士社会を広くとれば、軽輩・下士《かし》は中士《ちゅうし》・上士《じょうし》への身上りを望み、郷士《ごうし》層は家中《かちゅう》への身上りを望んだ。

村の百姓（小農《しょうのう》）社会も、上昇と平等の意欲から発する紛争が頻発《ひんぱつ》した。経済の変動が家の勢力に反映しやすい一方、小家族単位の経営存続が重視された身分でもあったので、村方騒動《むらかたそうどう》は武士社会よりもはるかに多く、村の身上り運動は、近世の身上り問題のなかではいちばん活発であった。門・縁側・破風《はふ》・裃《かみしも》着用などをめぐって家格規制を突破しようとする上昇運動が絶えず起こる一方で、差違化差別化を明確にし、歴史的に得た既得権(特権)を守ろうとする逆の運動も活発に起こった(井上攻『由緒書と近世の村社会』大河書房、二〇〇三年)。由緒の誇示だけでなく由緒の作成にまで進む場合も少なくなかった。新興の家が旧来の家を村方騒動を通じて追い落とそうとすることも少なくなかった。村方騒動は、平等化に働くものもあったが、特権の交替、少数者の身上りの力、つまり差別化に働くものも多かった。

身分社会では、人間だけではなく、空間にも事物にも、すべてのことに身分ないしは上下がつきまとう。家の外見はもっとも身分に近い格差をもっていた。言語、衣装のような身体に付く物は、たいてい身分標識でもあった。村の格さえも同じではなく、本村《ほんそん》と枝郷《えだごう》、いわゆる天領《てんりょう》と私領《しりょう》などのちがいによって、住民の誇りがちがい、大名家の格が領民の立場にも影響した。そうした事情が、由緒の家の存在をむしろ歓迎するという、村人の屈折した身上り願望を生むことさえあったのである。

村の身上り紛争は、百姓の下に置かれた従属身分の零細《れいさい》農民が存続したことにも大きな要因があった。その呼称は土地土地で異なっていた。近世史の分野でいう「小農自立」は、基礎社会の成立という点で最も重視されてきた問題だが、小農自立は、戦国から続いている郷村では、小さな村への分立（村切り《むらぎ》）と従属農民の百姓化（名子抜け《なごぬ》）、そして百姓数の増加、すなわち小農比率の増大という現象である。そして、彼らの百姓化は、近世農村の成立過程という視点から見ると、一七世紀前半からの執拗《しつよう》な、時には激しい、村の上層百姓に対する特権の限定・否定の闘いであった。村社会と同じではないが、商家でも職人棟梁《とうりよう》の家でも、身上りの欲求が渦巻いていた。しかし、ここでは奉公人・徒弟《とてい》の欲求は「家族身分制」の内側に吸収され、社会化することはまれであった。

身上り願望の他方で、近世社会の平等・平均の欲求の強さも認めなくてはならない。上昇志向は、平等志向の隣に並んであった。身上り願望はあるが、特権阻止・専制拒否の集団訴訟を小前一統《こまえいっとう》で闘えば、これは村政民主化の動きにほかならない。本書は、「身上り」の対極にある動きを、「上下無し《うえしたな》」という言葉で表す。この文言は、幕末の世直し《よなお》騒動《そうどう》のなかで表出されたものだが、近世人の意識の底に潜んでいる平等願望を最も鋭く短く言い表したものである。

近世の上昇願望の最も広い表現を「身上り」、平等願望の極まった表現を「上下無し」とするのは、近世日本で実際に現れた身分運動の最も素直な反映である。身上り行動は、乱世の下克上とは異なり、暴力性をともなうことは少ない。執念に満ちた長期の訴訟運動であり、その決着も、中間《ちゅうかん》に扱人《あつかいにん》が入って灰色的な妥協色の濃いものにおさまることが多いが（和談内済）、そこにもまた、近世的な惣無事社会の紛争の解決のあり方が示されている。

ところで、近世の平等願望は、日本史の展開にそう個性的な特徴もあるが、もう一つ無視できないのは、東アジアの政治文化圏に位置するところからもたらされた大きな特徴である。東アジア世界には、儒仏道《じゅぶつどう》教《きょう》などの思考が錯綜しながら「儒教《じゅきょう》核《かく》政治文化」が浸透し、平均・均産・均田《きんでん》などと呼ばれる「均《なら》す」という考え方が、政道論《せいどうろん》でも現実政治でも重視され、社会の平等願望や特権追放の主張に正当性を与えた。農耕をいち早く始めた古代中国では、均田・均産を土台にした仁政徳治の政治文化が形成され、それが東アジアの古典古代的モデルとなって、中華周辺の社会に対しても平均主義原理を普及させた。治者と被治者の合意は「安民」「無事」を根幹として成立したが、安民の土台は均田にあった。民百姓の激しい抵抗行動、訴願行為には平均、均産の要求が噴き出た。それが正当性を持ち、為政の責務として追求できたからである。「民は国の本」という民本主義は、東アジアのどの社会でも共有された。

こうして東アジアは、平等主義志向の強い普遍的な文明圏を形成した。それは支配思想と一体化し、「お上《かみ》の恵与《けいよ》」の形をとって、「自由」「民主」思想には距離のある、強い生存権意識――「百姓成立」を第一義とする「民本《みんぽん》」思想――を国家と社会の両方に染み込ませて、苛政《かせい》を掣肘《せいちゅう》した。民本主義ではあるが民主主義ではないというのは、一君万民《いっくんばんみん》、神の前の平等というように、超越的なものを別格に置いたうえでの相互の平等という考え方だからである。「天は人の上に人を造らず人の下に人を造らずと言えり」という平等思想も、天の前の平等である。君の前の平等の場合は、君を補佐する臣（官僚）が必要なために、民の上位に置かれる臣を設けることになり、これが有司専制《ゆうしせんせい》につながった。しかし、天・神・君の前であれ、民百姓は上下無しという思想と、均分均産の平均・平等主義は、東アジアでは政治文化として浸透した。

こうした事情を、上昇と平等の対抗に移しかえると、上昇を阻み平等を大事にするほうにより大きな比重がおかれる社会環境を準備したということである。近世日本の上昇・平等の競い合いは、平均・均産に正当性が与えられる環境のもとでの競い合いであった。そしてまた、平等意識は、自他の抜け上がりの警戒・逡巡ともなり、いわゆる横並び社会という特徴にもつながったのである。

士農工商から四民平等へ

身分の下克上状況

身分意識・身分行為から見て、近世末期から明治維新《めいじいしん》期にかけての時期は、どういう様相に見えるだろうか。江戸時代が、「兵農分《へいのうぶん》離《り》」と「四民平等《しみんびょうどう》」との間に挟まれた、二世紀半余に及ぶ「士農工商《しのうこうしょう》」の時代であったことはすでに述べた。両端の兵農分離と四民平等の時期は、性質は異なるが、両方とも「下克上《げこくじょう》」の状況を呈する時代であった。

兵農分離段階の下克上は、武士を、戦士から役人（官僚・吏僚《りりょう》）に変えつつ、治者身分として定着させた。四民平等段階の下克上状況の下では、諸藩士・旧幕臣・豪農商階層から、政府高官・有司《ゆうし》（役人・臣僚）という近代的な治者階層を生み出した。

四民平等は時代の変動を象徴させる文言であって、明治維新によって文字通りの平等社会になったという意味ではない。近代日本社会も、士農工商的身分制度は壊そうとしたが、古代王朝以来の「君臣民《くんしんみん》」的序列と西洋君主制社会の考え方の接合のうえに、新しい身分制をつくりあげた時代である。しかし、四民平等を標榜《ひょうぼう》することのできる要素はあった。近世から近代への移行が、身分別に支配する体制から、住空間ごとに人を把握する国民的管理体制への変化であったことは、先に指摘したとおりである。

近世から近代へ移行していく推移を、士農工商、兵農分離、四民平等などの言葉を用いて、身分の上昇願望・平等願望の視角から過不足なくまとめようとすると、次のようになるのではないだろうか。士農工商、すなわち近世の身分制が完璧に制度化され維持されたことはない。いつの時期でも身分所属のあいまいな、境界的な人間を次々に生み出し続けていた。しかし、身分別に支配するという原則を軸にして、身分制が厳密に守られようとした社会であったことはまちがいない。

そのことはすべての身分にわたっていえることではなく、武士身分を見る時に最もあたっている。すなわち武士の家、武士の家格、武士の体面を維持することが、近世では最もよく保守されたのである。武士は名誉ある「規範身分」として治者の立場にあり、この身分の持続と再生こそが幕藩体制《ばくはんたいせい》の持続の鍵を握っていた。なかでも、上級の将軍家・藩主家に縁戚でつながる門閥《もんばつ》層が世襲の代表的体現者として、近世的身分世襲制を典型的に現した。

身分制保守を武士身分が代表したということは、農工商の身分が第二義的だという意味ではない。生産・流通・労働身分（階級）が社会の再生産の要だということはいつの時代でも不変である。だが、それは遠くから「歴史を支える人々」という視線で見た場合の真実である。装飾的な外装・内装もふくめた幕藩体制の存続を主導し、支配し、働いたのは武士である。

すべての身分について、身分制度の弛緩《しかん》は体制を脅かす原因になる。しかし、それらのなかでも、武士身分の持続に支障や変動が現れるのが、江戸時代の持続を最も危うくする因子になったのである。武士社会は、百姓身分の増減がしばしば幕藩制を脅かしたのとはちがい、自然的な供給者が減少することはなかった。間引《まび》きや退転者《たいてんしゃ》も多発しなかった。

幕藩体制では、当初から武士社会の人口が経済を圧迫し、領民減少とは逆に、分家分出《ぶんけぶんしゅつ》をともなう自然増がさらに圧迫するというのが実情であった。将軍も大名も御三家御三卿《ごさんけごさんきょう》・支藩《しはん》などを設けたし、幕臣・藩士の数も、かんたんには認められなかったが、それでも分家や新知召抱《しんちめしかかえ》などでじりじりと増加していく流れはとどめきれなかった。この趨勢は、近世成立とともに、「武家」（大名）・「兵」（諸士《しょし》）の側に位置づけられた武士世界で始まっていた動向である。その後、政治の進展が役職を増加させていったことも、武士社会の増加を推し進める力になった。

四民平等の前夜

だが本当の危機は、そうした変化ではない変化が、武士身分社会の人員を増加させたところから始まった。いちばんの要因は、藩財政の赤字増大が、御用金《ごようきん》・献金による士分化人数を増やしていくことにあった。苗字御免《みようじごめん》・帯刀御免《たいとうごめん》、知行給付（年貢免除）、士分格《しぶんかく》・並《なみ》・列《れつ》などの資格付与が各地で始まった。それはおおむね正式の家中召抱《かちゆうめしかかえ》というより、献金郷士《けんきんごうし》といわれるような格式公認が多かったが、なかには幕藩政の執行者として武士身分に上り、政権を主導する者さえ現れた。

幕末の政争、下克上状況の下では、経済的貢献ではない、新しい士分化コースへの可能性が生まれて、実力を自負する剣士《けんし》・論客《ろんきやく》の士分化願望を熱いものにした。「草莽《そうもう》」が輩出して国事活動を行い、「民」から「士」「臣」への上昇を願望するようになった。政争が軍事的色彩を深めると、剣術道場に集う剣士から、幕藩軍制の外周をなす特別の治安組織を編制する要請が強まり、青年剣士の士分化意欲を刺激し、また可能性も強まった。おおう彼らは、道場討論を重ねるなかで国事政事の見解を蓄え「有志《ゆうし》」の者に成長した。「武士になりたい」という願望は、たいへん具体性のある欲求になり、それへ向けての行動をうながした。こうして、近世の後末期には、士農工商時代にはない、たんなる上昇願望ではない下克上願望が浮上してきたのである。また同時に、近世の士農工商観が、上位下位から横列家業のほうに見方の比重を揺さぶってきており、上位だからこその士分化願望でありながら、願望を容易なものにしたという事情も進んでいた。

明治新政府ができると、これまで諸藩で下級藩士の位置にあって志士《しし》・国士《こくし》として活動し、新政府軍のなかで目覚ましい活躍をした者が新政府のなかで大官高官《たいかんこうかん》に引き立てられた。また草莽の臣としての活動から諸隊《しょたい》に編制された豪農商《ごうのうしょう》出身の者が、新政府の実務部署で働くことになった。彼らは、明治の「君臣民」体制の下では、「民」から「臣」へ上昇した。その意味で、四民平等化状況の下で、じつは大規模な下克上が進行したのである。

だが他方で、幕末維新期の社会変動のなかでは、士農工商時代に通有の平等化願望を超える、鋭い平等主義意識が広く噴き出したことも忘れてはならない。世直し騒動のような極限的な状況のなかで、「上下無し」と言い募《つの》る窮民層《きゅうみんそう》が現れ、一揆蜂起《いっきほうき》のなかでは「貧富の掻《か》き均《なら》し」という言辞が窮民をとらえた。しかし、上下不平等を非難する声は沸き上がったが、「身分撤廃」の声（論理）にはならなかった。こうして幕末維新期にも、近世社会にふさわしいかたちで上昇願望と平等願望が激しくぶつかり続けた。

ただ、一つ考えておきたいのは、社会のなかでの自己の位置づけについて、近世人は上昇と平均の身分願望にだけ生きたのかということである。第三の生き方を選んだ者も少なくなかったことを知っておく必要がある。それは、ある普遍的な価値にそって生きようとした人間たちである。自己の栄達、家の繁栄というだけにおさまらない生を選んだ者らである。そのために身分を離れ、むしろ制度的には下降、不利を選んだ者たちもいた。また、身分としては士農工商的存在のままであったとしても、上下の関係だけをそこそこに案配しながら過ぎていくだけでなく、視野を広げながら意思的な生涯を選んだ者も少なくない。「武士」らしく、「百姓」らしく、「商人」らしく、「職人」らしく、その社会貢献性の面を徹底させていった見事な人物も数多い。その場合にも、「御百姓」としての行動と意識を典型的に体現している人物が、同時に士分化願望を持ち続けていたというような、両義的な生き方が可能であり現実であったことを、柔軟な眼で認めたほうがよい。

また、身分そのものについて発言・行動がなくても、その一生の内容が近世身分制の枠組に異議申し立てをしていたと解さなければならない者もいる。民間社会の成熟が、そうした人格を存在させる包容力を作り出しつつあったのも、江戸時代の特徴であった。

身上りの欲求と平均への欲求

家格と就職への執念

身分世襲の考えと制度化は、近世社会の主流になった。一代抱《いちだいかか》えのような下級武士の同心《どうしん》にしても、事実上は跡取りが召し抱えられるようにして、世襲化をはかった。江戸の長屋《ながや》住人は代々の菩提寺《ぼだいじ》もなく、したがって「家」を形成したとはいえず、「所帯」をつくって暮らしたが、彼らも「家」の形成に憧れ、自営業層である「家持《いえもち》」町人の下で雑業・雇用の暮らしを営んだ点では、身分世襲社会の内にあった。

御徒の立身願望

そうした社会の身分世襲制の理念を、士農工商《しのうこうしょう》のなかで最も強く代表したのは、苗字《みょうじ》公称や「家別」のキリシタン宗門改《しゅうもんあらた》め――農工商は「人別《にんべつ》」改《あらた》め――などの特別扱いを受けた武士身分の社会であった。しかし、身分世襲制が家に付けられた役儀《やくぎ》・家職《かしょく》の世襲であるというのは、社会の大きな区分けとして見た場合である。個々の家の次元まで視線を下げて見ると、実際に活動する「個人」（当主・継承者）の能力が評価されてはじめて任命される。

若輩者は、まず登用《とうよう》されなければならなかったが、それが容易に進まないことがしばしばであった。武士の身分でも、就職するためにはたいへんな苦労が必要であった。武士身分のなかでの立身《りっしん》願望も根強く、それは軽輩《けいはい》・下士《かし》の身分では常日頃から根強く燻《くすぶ》っていた。武士社会のなかでの今の家格を、一つ上昇させるために涙ぐましい努力が払われた。

将軍直参《しょうぐんじきさん》（幕臣《ばくしん》）の「御家人《ごけにん》」で御徒《おかち》（御徒士、歩行）を勤める者は、組頭《くみがしら》もふくめると四五〇人に及んだ。「御徒」は、騎乗を許されない身分であることからくる呼称で、「徒《か》士組《ちぐみ》（徒組）」に属する軽輩である。将軍直臣ではあるが、常日頃は「遠侍《とおさぶらい》」と呼ばれる詰所《つめしょ》に待機しており、将軍出御《しゅつぎょ》の際に御用が命じられ、行列の先駆けをしたり沿道の警備を行った。

御徒のなかには、それ以上の身分に抜け上がることを目ざして、猛烈な昇進運動を行う者がいた。次の記録は、幕末の出来事であるが、そうした苦心を如実に物語る例である。

御徒丸橋長次郎と申もの、四年、日勤《にっきん》せしが、主膳正《しゅぜんのしょう》御留守居《おるすい》に転じ、それより古川山城守《やましろのかみ》へ三年日勤したるに、同人病死し、其次は石川左近将監《さこんのしょうげん》へ三年日勤して、遂に支配勘定《しはいかんじょう》の出役《しゅつやく》被仰付たり。長次郎がことこゝに用なけれど、人は一心にておもひもとどくものにて、若きもの、肝を練《ねる》一端なれば序《ついで》に記し候。

これは、丸橋長次郎をよく知っていた幕末の将軍直参川路聖謨《かわじとしあきら》の書き残した記録のなかにあるもので、たんなる伝聞ではない（川路聖謨「遺書」『幕末思想集　日本の思想20』筑摩書房、一九六九年）。川路聖謨も、就職を目ざしてこれに劣らぬ努力を重ねたことについては後で紹介する。よく似た階層の身上り願望のように見えるが、これはたんなる就職活動ではなく、立身活動である。

御徒の丸橋長次郎は、はじめから具体的なある役職を目当てにしたかどうかはわからないが、現在の御徒身分からそれ以上の身分に上昇しようとした。主膳正は当時の勘定奉《かんじょうぶ》行《ぎょう》柳生《やぎゅう》久通《ひさみち》主膳正のことで、天明《てんめい》八年（一七八八）から文化《ぶんか》一四年（一八一七）まで、長年、この職を務めている。川路聖謨が少年のころの話であるが、丸橋は、四年間勘定奉行のもとに「日勤」した。役宅、つまり柳生家屋敷に早朝から日参するのである。留守居役に転じる直前まで繰り返したというから、文化一一年から一四年までである。柳生主膳正は江戸町奉行《えどまちぶぎょう》から勘定奉行に転じ、その後、西丸留守居役《にしのまるるすいやく》に転じたことがわかっている。

そこで今度は、丸橋長次郎は新任の古川氏清《うじきよ》山城守へ三年間日参《にっさん》を続けた。高名な数学者でもあった古河氏清は、文化一三年から文政《ぶんせい》三年（一八二〇）まで勘定奉行を務めて死去している。それでもあきらめずに、次には石川左近将監へ三年間日参した。石《いし》川忠房《かわただふさ》左近将監（主水正《もんどのしょう》）は文政二年から文政一一年（一八二八）まで勘定奉行を務めている。丸橋はこれを頼って三年間日参したのである。

そしてついに丸橋忠次郎は、「支配勘定の出役」という勘定所関係の役職へ上昇転勤がかなったのであった。御徒からそれ以上の身分に上がるという一事のために、丸橋は、まる一〇年間もの猟官《りょうかん》運動を「日勤」で続けたのである。このような異常な努力を、川路聖謨は、身勝手な見苦しい行為だと非難するどころか、人間は一心不乱になれば願いが報われるものであり、若い者の肝を錬《ね》る参考になる事例として書いておくと感嘆し、遺言の内容にしたのである。

旗本の就職活動

川路聖謨が、丸橋長次郎の粘り強さに讃歎したのは、それに劣らぬ自分自身の就職活動の記憶と合わせてのことである。川路聖謨は、江戸時代末期に勘定奉行・海防掛《かいぼうがかり》兼職にまで昇進し、慶応《けいおう》四年（一八六八）三月一五日、割腹《かっぷく》自殺した。寛永寺《かんえいじ》で謹慎《きんしん》する、第一五代将軍徳川慶喜《とくがわよしのぶ》個人への忠節とは必ずしもいえないが、そうした可視的なものを超えた「徳川将軍家」という歴史的存在への恩頼意識を堅持して自死したという点では、ほとんど「殉死」であった。

天津神《あまつかみ》に　背《そむ》くもよかり　蕨《わらび》つみ　飢《う》えにし人の　昔思へは

の辞世《じせい》を残し、横に「徳川家譜代之陪臣頑民斎川路聖謨《ふだいのばいしんがんみんさい》」と自署した。歴々の直参の川路聖謨が「譜代の陪臣」と自署するのは矛盾しているが、これは、川路の出自へのこだわりが生涯にわたるものだったことをうかがわせる。三河《みかわ》以来の譜代直参《ふだいじきさん》ではなく百姓筋《ひゃくしょうすじ》の新参旗本《しんざんはたもと》であることを自恃《じじ》の感情で受けとめ、なおかつ直参の武士に取り立ててくれた徳川氏の恩義に身をもって応えるという自意識の表現が、この自署であったろう。士分化は、当人・当家にとって、そういう重みを持つ身分移動だったのである。

川路聖謨は、享和《きょうわ》元年（一八〇一）に生まれた一九世紀人である。父親は、九州の豊後《ぶんごの》国《くに》（現、大分県）日田代官所《ひただいかんしょ》の「属吏《ぞくり》」内藤吉兵衛《ないとうきちべえ》である。「属吏」とあるから、幕閣任命の役人ではなく、代官が現地で任用する手代《てだい》的な役人だったと思われる。しかし、内藤吉兵衛は、現地代官の信任を受ける力量を発揮したのであろう、川路が幼い時に公儀徒組《こうぎかちぐみ》に採用され、江戸に移った。徒《かち》（徒士、歩行）は、先にも見たように将軍の御目見《おめみえ》を許されない軽輩直臣だが、おそらく百姓上層の家の出身であったろう内藤吉兵衛にしてみれば、九州から江戸へ移ることとも合わせて、生涯を二分する衝撃的な昇進であったろう。御徒は徳川家の正式の家人（御家人《ごけにん》）だからである。吉兵衛も十分に近世的な身上りの事例を提供している。

その子の聖謨もまた、見込まれる資質を発揮して、細かな機縁はわからないが、一三歳の時に小普請組《こぶしんぐみ》旗本の川路家の養子になった。親の吉兵衛は御家人だが、子の聖謨は旗本家の身分階層に属することになった。その翌年、同家の事情からか一四歳で家督を相続して当主になった。若年にして旗本身分に立身したのである。実の親の吉兵衛にしても、自分は御家人で終わりはしたが、代官所「属吏」から「御家人」に身上りしたのだから、内心は、百姓から武士になったという達成感であったろう。そして、自分の息子を、小普請組の家の養子とはいえ、「旗本」身分に押し上げた。このことも、親の吉兵衛には達成感を与えたことであろう。

養子縁組は、近世の身分上昇の重要な手順である。その川路が、辞世に「徳川家譜代之陪臣頑民斎」と書いたのは、幼少の時の出自の記憶、微禄《びろく》の陪臣ともいえないような「属吏」を父親として生まれたことを大事にし、この自己認識をバネにして、逆に徳川家への恩義の大きさを表そうとしたのではなかったろうか。

川路の家督相続に戻すと、小普請組の旗本家の跡取になっても、すぐには役職は望めなかった。小普請組とは、非役《ひやく》（無役《むやく》・無勤）の旗本・御家人の組織で、下級旗本以下の将軍直臣がすべて組織されていると思えばわかりやすい。江戸城関係の役務で新任の者が必要になると、このなかから採用されるが、ふだんは公務がないかわりに小普請金という役金の上納を義務づけられる。この役金は、普請人足《ふしんにんそく》の提供を免除される代わりに上納するという考え方からきている。

こうした将軍直臣の家では、跡取りが役職に就けるよう家族中が切望するのは当然であった。川路聖謨は、いったん役職を得てから以降は、能吏《のうり》の評判高く昇進を続けていくが、一八歳で勘定所筆算吟味役《かんじょうしょひつさんぎんみやく》に採用されるまでは、就職のための辛酸を嘗《な》めた。「遺書」には、次のように書いている。

一、我十七歳の時、支配勘定の出役といふものを願て、十八歳の三月四日に被仰付たり。日ごとに、御勘定奉行柳生主膳正、服部伊賀守《はっとりいがのかみ》、吟味役《ぎんみやく》岸彦十郎の登城前に行たり。今と違ひて役人よく日々に逢ことにて、柳生主膳正は正月元日より大晦日《おおみそか》まで逢はれたり。早出の時、勿論也。（御徒丸橋長次郎と申もの以下、中略）さて其頃の御役人の、勤て人に逢たることをも心得《こころえ》に記す也。

養父楽水院様・実母開闡院《かいせんいん》様は、頻《しきり》に早く御役出のことを思召《おぼしめし》て、神仏へねぎごと（祈ぎ事）までに心をつくし玉ひき。楽水院様は、ことに好み玉ふ酒を三年禁じ給ひ、開闡院様は、寒中水をもあみ（浴）給ひき。今よりおもへば、いともいともかしこきことにぞ。さればわれも、日ごとに未明より出て暮に帰るごとく奔走したり。其頃、井上信濃守御持与力《しなののかみおもちよりき》にて、牛込早稲田宗参寺《うしごめわせだしゅうさんじ》脇、組屋敷に住居し、われは其同居也。服部伊賀守は本所御竹くら後、柳生主膳正は堀どめ、岸彦十郎は御茶の水に付、遠きは一里半にもやゝ及べし。

「日ごとに」とは、毎日の意味である。「小普請組」の将軍直臣は肩身狭く、困窮に陥るのが普通である。川路家は、聖謨によってこの境遇から脱出するため、家族ぐるみで努力した。聖謨本人は、勘定奉行や勘定吟味役の屋敷に日参した。早暁《そうぎょう》、彼らが江戸城に登城する前に訪ねて声が掛かるのを待つ。服部貞勝伊賀《はっとりさだかついがの》（備後《びんご》）守《かみ》は、文化一三年（一八一六）から文政二年（一八一九）まで勘定奉行を務めている。川路は、毎日未明に家を出て夕暮に帰宅する就職活動に奔走したが、勘定奉行や勘定吟味役の屋敷が離れているため、一里半（六キロメートル）も移動することがあった。

実家と養家の親たちも神仏へ願掛けをし、養父は三年間の酒断ち、実家の母は寒中の水《みず》垢離《ごり》を続けたのである。こうした役職を求めて「日勤」する若者や壮者と、酒断ち・水垢離で協力した家族・親族は、川路聖謨のほかにも当時、数多くいたにちがいない。このような事態は、近世的な世襲制身分制の秩序の下での社会競争の発露である。時期による違いや幕府諸藩の個々の政治体による違いはあったが、幕藩体制という枠組みのなかでは、武功とは異質な、こうした仕官競争が行われ、それが社会体制を動揺させもしたが、逆に人材発掘によって持続させる力にもなった。

御家人の日誌執念

二九年間もの長い間、日誌を綴り続けた「旗本」家の隠居《いんきょ》がいる。動機は、おそらく自家と一族の家格上昇への執念だったと考えられている。動機のすべてではないにしても、少なくとも一半ではあったと推測される。

「御家人」の身分で隠居となった小野直方《おのなおかた》は、『官府御沙汰略記《かんぷおさたりゃっき》』と題する、延享《えんきょう》二年（一七四五）から安永《あんえい》二年（一七七三）に至る二九年間の日誌を残している。直方は、隠居後に後継者が立身したため、下級旗本ではあったが、旗本家の隠居となった。

この日誌は現在、小野直方著・山田忠雄解題『影印　官府御沙汰略記』（全一四巻、文献出版、一九九二～九四年）として読むことができる。解題者によると、小野直方（本名は直賢。解題は直方を雅号と推定）は、元禄《げんろく》一四年（一七〇一）に生まれた。純粋の一八世紀人である。

直方は、延宝《えんぽう》六年（一六七八）に将軍の「御徒」に取立てられて初代を起こした小野仙《おのせん》右衛門《えもん》直興《なおおき》（のち御徒組頭《おかちくみがしら》）の養子に入ったという。先にも紹介したように、「御徒」とは、徒組に配属されて若年寄《わかどしより》の支配下におかれ、ふだんは遠侍という場所（警備用の建物）に詰め、将軍御成《おなり》の先駆けや沿道警衛を勤める将軍の下級直臣である。直方が家督を継いだのは、宝永《ほうえい》六年（一七〇九）であるが、数え年一〇歳の幼さであったから、御徒出《しゅっ》仕《し》の年は、その数年後のことであったろう。

ところが直方が養子になった三年後、養父の直興に嫡男が生まれた。直方が徒組に属したのは、直興実子が生まれた後のことと考えられる。しかし直興実子が生まれたために自分を中継ぎ的な家督継承者と思いきわめたのか、あるいは誰かの説得を受けたのか、養子になって三年後の享保《きょうほう》一四年（一七二九）に、二九歳の若さで、一三歳年下の直興実子（先代嫡男）庄兵衛《しょうべえ》直泰《なおやす》に家督《かとく》を譲って隠居してしまった。この時、直泰は、一七歳であった。解題者は、直興、直方、直泰の血縁関係についてこの外の推測も可能としているが、今は確度の高いほうで論脈をまとめようと思う。

直方が二九歳で隠居した時の最後の役職は、「御広敷添番《おひろしきそえばん》」であった。これは、大奥《おおおく》広敷の警備役で、御徒組の役務の一つであったろう。直方は、自分が当主であったあいだは、公儀直臣としては、主君の将軍に対して、「御目見得《おめみえ》以下」の御家人身分であった。直方は、御家人隠居になった時にはまだ日誌を書き始めていない。

直方が、江戸城政治・人事に特段の関心を寄せて情報日誌を付け始めたのは、小野家後継者の直泰が「御目見得以上」に進み、旗本に昇格した後である。御家人身分の直泰は、はじめ「二丸《にのまる》広敷添番」を勤めたが、寛保《かんぽう》元年（一七四一）に八代将軍徳川吉宗《とくがわよしむね》の第四子宗尹《むねただ》附きの「小十人《こじゅうにん》」に選ばれ、廩米《りんまい》一五〇俵を与えられている。小十人は「御目見得以上」であり、「百俵《ひゃっぴょう》十人《じゅうにん》扶持《ぶち》高《だか》」を給される身分であった。小十人は、若年寄支配でふだんは殿中《でんちゅう》櫓《やぐら》の間《ま》に勤番《きんばん》し、将軍出御《しゅつぎょ》の先駆けをするなど将軍の護衛にあたる役務であり、この点では徒組と似ているが、御徒は「七十俵五人扶持《ぶち》」で、この扶持高《ふちだか》の多少が将軍目見得の可否となった。

徒組は御家人で、小十人は旗本として処遇される身分であった。旗本としては最下級だが、小野家にとっては決定的な身分昇格であった。直泰は出仕してから一〇年以上経ているから、勤務を通じて信頼を得ることができる資質に恵まれていたのであろう。その後、吉宗第四子宗尹が御三卿の一橋家《ひとつばしけ》の祖になったことも小野家に幸いした。一橋家が成立すると、直泰も随従し、一橋家附きの幕臣の位置にあって、大番組頭《おおばんぐみがしら》、徒頭《かちがしら》に任じた。

直方は、直泰が旗本に昇格してのち、三年経った延享二年（一七四五）から日誌をつけ始めている。したがって、『官府御沙汰略記』は、「御家人」家の隠居ではなく、「旗本」家の隠居が書き続けた記録ということになる。若くして家督を譲った直方は、隠居してから一六年、すでに四五歳になっていた。

「官府御沙汰」とは、公儀、より具体的にいえば幕閣が行うさまざまな決定と公表という意味である。しかし、「公私日記」「公私略日記」とも書いているように、小野家の動きもずいぶんていねいに書き込んでいる。

また、毎年の冒頭は、「風雨震雷雹雪」という気象の記録である。それが年間通してまとめて記録されていることは、実際よりも後日になって整理・清書した記録であることを物語る。年による違いはあるが、日誌は、気象以下、公事に関わることとして、「失火」「吉祥」「上覧見分《じょうらんけんぶん》」「御成《おなり》」「凶喪法会《ほうえ》」「家督」「任官領知・屋敷替」「転職」「命令」「差使御用」「賞賜」「辞職」「刑罰評定・変事」「営作」「寺社」の索引項目をおき、私事に関わることとして、「公事」「転職」「吉祥旅行」「凶喪法会・病変」「修理」「弁食服薬」「買財」をまとめて、該当の月日を明らかにしている。

日々の実際の記事は、あらためて公私入り混じる日記体で書き、「外出」や「入来」など細目を付けて克明に記録している。自分だけでなく当主としての庄兵衛（直泰）の行動についても忘れずに記録し、時に社会的な事件を記し、あるいは触書《ふれがき》を全文記録するなど、同時代の政治・世相を反映する史料としての価値も高い。上は「禁裏《きんり》」「公家衆《くげしゅう》」「公方様《くぼうさま》」以下、文化・政治に関わる情報から、自家の「居風呂《すえ》」を焚《た》いたとか、庭に「秋菜」を播《ま》いたなどの営みにいたるまで記録している。広角的な日誌だが、情報の中心は人の動きであり、なかでも家督相続・就任役替の人事情報が中心を占めている。

本書にとって小野直方の記録が重要なのは、執筆を支える直方の心理的動機が、身分的上昇の欲求にあると考えられるからである。直方は、小野家およびその縁戚者の昇進を願う心から、人事情報を中心に記録し続けたと思われるのである。この点について、解題者も「小野家およびその親戚縁者の出世という、私の部分に属する関心の深さからも、来ているものと思われる。いわば隠居した直方にとっては、おのれの出世を諦めた代償に、小野一族・縁者の昇進への期待が日記執筆の背景にある、と考えられるが、いかがなものであろうか」と書いている。解題はこのことを遠慮がちに指摘しているが、私は、直方の執筆の熱意の源泉が、すべてとはいわないまでも過半は、小野家の身分格式上昇への待望であったと思わざるをえない。すでに御家人から旗本へ立身しているが、それは境界線上のあやうい立場変更でしかない。旗本として、より安定した家格・役職への身上りを望む気持ちは、御家人から立身しただけに切実なものがあったろう。

こうした記録は、家族にとって備忘録《びぼうろく》となり手引書となる。小野一族の長老として、後継者の直泰あるいは縁戚者への助言を、克明な日誌の記録にもとづいて与えたものと思われる。そのために、現役の彼らや知合い筋など、あらゆるつてを求めて人事関連を中心にした万般にわたる情報を入手しなければならない。その努力を、直方は四〇代の半ばからほぼ三〇年継続して、全二八冊を完成させたのである。

直方はたいへん長命で、一三歳年下の直泰が、安永《あんえい》元年（一七七二）に六〇歳で死んだ後も、すぐには日誌執筆をやめなかった。だが、七〇代半ばの老齢で体力も衰え、直泰の死で憑《つ》きが落ちるように執念が霧散《むさん》したのであろうか、翌安永二年には筆をおいた。

近世の競争欲と顕示欲

直接に身分制度を左右しているのではないが、社会的上昇あるいは競争の意識や行動として現れている近世的なものを、ここで一、二取り上げたい。それらは、身分の制度ではなく日常の生産活動や技芸活動のなかに現れるものだが、近世人の気質のなかに身分の意識や関係を醸成させる源泉となっている。

天下一を競う風土

近世の日本では、社会的上昇の欲求の一つは、諸職諸芸の世界における「天下一《てんかいち》」号《ごう》への欲求という形で広く現れた。「天下一」は、中世では合戦における「剛の者《ごうのもの》」の賞賛に使われる言葉だったが、織豊《しょくほう》時代には武芸だけでなく諸職諸芸の「名工《めいこう》・名人《めいじん》」の称として使われるようになった。天下一の号に法的な根拠はなかったが、勝手に私称できるものではなかった。織田信長《おだのぶなが》や豊臣秀吉《とよとみひでよし》など、天下一の勢力家か権力者によって、他に抜きんでた技量、すぐれた職人として天下一を称することを許されることによって、はじめて天下一の号が権威を帯びたのである。したがって、天下一の号は、一面では芸者職人の実力を広く天下に知らせる栄誉だったが、授与者である「王権」の強大さを示す表象の一つでもあった。

武芸の世界では、剣術の上泉信綱《かみいずみのぶつな》が戦国末に「天下一」を認められたというが、江戸時代に入ってますます競争が激しくなったのが弓術である。京都の三十三間堂《さんじゅうさんげんどう》（蓮華王《れんげおう》院本堂《いんほんどう》）で、西側外縁の軒下（一二〇メートル）を一昼夜で射通す矢数を競い、その本数を伸ばした者が「天下一」の称号を得た。一七世紀初め、浅岡平兵衛が五一本（一〇〇射中）を射通して徳川家康《とくがわいえやす》から「天下一」号を許されて掲額し、以来盛んになったという。江戸にも通し矢を競うために三十三間堂が建てられた。京都三十三間堂の通し矢は、一七世紀のうちに名古屋藩・和歌山藩の競争のようになって何度も記録を塗り替えた。寛文《かんぶん》九年（一六六九）には名古屋藩の星野勘左衛門が八〇〇〇本（一万五四二射中）を通し（天下惣《そう》一号）、貞享《じょうきょう》三年（一六八六）には和歌山藩の和佐大八郎が、総矢数一万三〇五三本中の八一三三本を通す記録を達成した。

職人の世界では、能面《のうめん》制作で織豊期に角坊《すみのぼう》が「天下一若狭守《わかさのかみ》」の焼印を使った。角坊は、朝鮮侵略に際して秀吉に命じられて九州の出撃基地である肥前名護屋《ひぜんなごや》城《じょう》に出向き、能面を模刻し、文禄《ぶんろく》二年（一五九三）、その功に対して秀吉から天下一の号を許す朱印状《しゅいんじょう》を与えられたという（『太閤記《たいこうき》』）。

安土桃山《あづちももやま》時代から江戸初頭にかけて能面制作家として知られた、大野出目《おおのでめ》家《け》の祖である是閑吉満《ぜかんよしみつ》も、天下一を誇った。「天下一是閑」と面の裏に焼印のある能面は、文禄四年（一五九五）に秀吉から朱印状を与えられたことに始まるという。是閑も、これを号することの効果をよく認識しており、天下一の焼印に緑色の顔料を埋め込んで銘を際だたせた。ほかにも「天下一」を号した能面師では、「天下一近江《おうみ》」（児玉満昌《こだまみつまさ》）、「天下一大和《やまと》」（大宮真盛《おおみやまさもり》）、「天下一友閑《ゆうかん》」（出目満庸《でめみつやす》）、「天下一備後《びんご》」（出目満喬《みつたか》）などが知られている。

柄鏡《えかがみ》にも、天下一の銘を刻む者が現れ、茶道具の釜などを制作する鋳物師《いもじ》、焼物を作る陶工《とうこう》、鏡・漆器・筆・墨・菓子などの職人が天下一の号を与えられ、また標榜《ひょうぼう》した。

芸能の世界でも、長唄《ながうた》や浄瑠璃《じょうるり》の三味線方《しゃみせんかた》に、「天下一」平左衛門と名乗る者がいた。江戸中期に鳥羽屋一門の祖となった鳥羽屋三右衛門（一七一二?～六七、東武線太夫）は、この「天下一」平左衛門の弟子であった（師弟関係については異説もある）。

こうした技芸・手工業界の天下一争いを身分の固定化と結びつける考え方がある。すなわち、身分に固定された境涯のなかでのせめてもの社会的上昇が、手業に耽《ふけ》ることであったという説明である。うがった見方ではあるが、天下一の号を競うことは、近世的な身分制がまだ固まらない織豊期から始まっている。

天下一は、天下に並ぶ者なしの意味だから、諸職諸芸のなかの一分野に一人か数人しかいないはずだが、しだいに勝手に私称する者が輩出し、店や品にも使われるようになった。それは、新しく伸びようとする力の発現であって、天下一の私称が広がることは、社会のなかに上昇志向が強まり、新興の者のあいだに身上り願望が強まったことの証左である。

天下一号ではないが、芸能では、江戸歌舞伎《かぶき》と上方《かみがた》歌舞伎のあいだに競い合う気風が高まっていった。良質なものを求め、至高品を褒めそやす世間の風潮も追い風になった。職人の側では、技法への誇りと同時に利を求める行為でもあった。なぜなら職人は一門縁戚・師弟関係の社会集団を形成しており、上手達人を擁することは集団全体の作品に対する評価を左右するからである。しかし、こうした状況は、おそらく天下一号の公認をすでに誇る側に強い反発を生み、なかには濫用を訴え出る者もあったろう。いずれにしても、最良の品質、技芸であることの社会的公認の、当時の形式が天下一号だったということはできる。

こうした天下一号に対する禁令が出された。発令に至るいきさつははっきりしないが、公儀は、一七世紀末の天和《てんな》二年（一六八二）に、天下一の号を称することを禁じた。覚《おぼえ》一町中にて諸事に、天下一之字書付《かきつけ》鋳付《いつ》け候儀、自今以後《いまよりいご》、御法度《ごはっと》ニ候間、向後《こうご》何によらず、天下一之字付申《つけもうす》間敷《まじく》候《そうろう》。勿論只今迄有来候鑑判《かんはん》鋳形《いがた》板木《はんぎ》書付等迄早々削取可申候。若《もし》違背仕もの有之におゐてハ、急度《きっと》曲事《くせごと》可申付者也

（『御触書寛保集成』二〇五一号）

この時期、徳川綱吉《とくがわつなよし》は幕政の立て直しをはじめとして積極的な政治を展開していた。織豊時代から始まった天下一の号の公許と社会的認知は、最高権力者の力の誇示であるだけでなく、与えられる側では同業世界への自己の技法の誇示と売買権益の確保という実利をともなうものであった。

禁令では、「町中」とあるから都市での問題として意識されていることがわかる。「諸事」、つまり広い範囲にわたって「天下一」の文字を書き付けたり鋳込んだりする風潮が禁令を引き出すほどにあったことがわかる。公儀は、以後何事によらず「天下一」の文字を制作品に付けることを「御法度」にすることを触れ、これまでの「鑑判、鋳形、板木、書付」などを「削取」るよう命じた。「天下一」という文字をいっさい削除させることを意図し、背く者を処罰することを命じている。たんなる心得の教諭ではなく法令である。

禁令は町方へ出されたが、おそらくもう一つの明示されない理由には、紹介した通し矢があったろう。天下周知の公開の場で諸藩の名手が天下一を目ざして技を競うということ

は、刀槍《かたなやり》の武芸ではありえない。だれが組織したのでもなく、藩命を帯びて行ったのでもないが、御三家の和歌山藩士と名古屋藩士が記録更新に手柄を立て、争い合う形になった。綱吉政権は、大名・幕臣統制にあらためて強権を発動した権力であるが、御三家同士の体面争いの観を呈してきた通し矢競争、その話題の広がりを危惧《きぐ》したであろう。和歌山藩士に対抗した尾張藩士の記録が寛文九年（一六六九）、それに対抗した和歌山藩士の記録が貞享三年（一六八六）、こうした空気のなかで天下一号が禁制されたのである。

こうして、「天下一」の称号は、一七世紀末、五代将軍綱吉治世に制禁されたが、社会の側も、希少な名人達者よりは、安心できる社会集団としての諸職諸芸の存在を求めるように進んだであろう。諸職諸芸の世界において、特定の家業権を持つ公家から免許を受ける、商人・職人の「受領《ずりょう》慣行」の盛行、さらに一八世紀後半から民間社会に発出する家《いえ》元制《もとせい》技芸の拡大と定着は、天下一号への執着の次の段階への移行を示すものであろう。そこでも、社会的競争と誇示、抜け上がりの欲求はちがった形で増幅して生きている。

肖像画に伏在する身上り願望

近世社会の底流にある身上り願望は、数多く残されている肖像画にも見て取ることができる。肖像画は大名・上級武士だけでなく、村役人層や豪商層に及び、学者・文化人の肖像画も多い。私の注目する点は、画法についてではなく、社会的な地位の表し方である。

徳川家康を描いた肖像画はいくつもあるが、そのなかでよく知られたものの構図は、正面を向いた衣冠束帯《いかんそくたい》の座像である。家康は右手に笏《しゃく》を持っている。笏は、もとは朝廷の儀式や会議で高位にある者が式次第や台詞を裏面にメモする便利な小道具であった。しかし、しだいに本来の役割を変じ、衣冠束帯で威儀を整える用具となった。それでも、天皇・公家が朝廷で用いる道具であることは変わらなかった。少なくとも、武家が軍議や評定の席で用いる用具ではない。

家康の肖像画は、武士の世界での儀礼の服装とは異なるものを着用している。家康肖像画のこうした描き方の意味するものをどのように読み取るべきだろうか。私は、これは武家（大名層）の身分に潜在的に付着している公家身分への身上り願望の表出であると理解する。

こうした肖像画の格好は、豊臣秀吉も同じであり、前田利家《まえだとしいえ》も同様の画像を残している。徳川家将軍は、家光でも綱吉でも吉宗でも、代々これが画像での正装である。大名の池田《いけだ》光政《みつまさ》も同じである。公儀の天保改革《てんぽうかいかく》の推進者水野忠邦《みずのただくに》も、衣冠束帯、右手に笏の画像を残している。

秀吉や家康や大名は、武家ではあっても官位を有しているから衣冠束帯で手に笏を持つ図はおかしくはないという意見もあろう。だが、彼らはあくまでも武家であり、武家としての正装もある。直臣《じきしん》・家中《かちゅう》の登城や目見《めみ》えの際にそのような格好をするのであれば武家官位の側から説明できるが、武家世界では行われないとすれば、それは身上り願望を秘めた自己表現とみてさしつかえないだろう。

　近世は武士が名誉ある身分となり、士分化願望を農工商身分が抱いたと述べてきたのだが、武士身分に限れば、その最上層の「武家」大名には、観念上の「公卿化《くぎょうか》」願望のようなものがあったと考えられる。公卿はここでは社会の貴種存在であり、武士身分は現実の力とは次元の異なる憧憬感を抱いていた。豊臣期にくらべて徳川期には、「武家官位」の独立性が進み（公家官位との分離、定員無し、幕府推挙）、かつ抑え気味（将軍従三位《じゅざんみ》、大名従五位下《じゅごいのげ》）になるが、そもそも「武家官位」の存続自体が領主階級の心中にある「公卿化」願望を想定しないでは説明できないのである。

　このような肖像画に秘められた身上り意識は、武家だけではない。各地の豪農は百姓身分だが、多くは自宅に肖像画を残している。それを見ると、ほとんどといってよいくらい、彼らは刀を側に横たえ、裃《かみしも》を着用している。これは、武士の格好である。

　江戸時代の地理学者・測量家として知られる伊能忠敬《いのうただたか》の画像は、左側に大刀《たち》、麻裃《あさかみしも》に脇指《わきざし》を帯刀《たいとう》、右手に白扇の姿である。忠敬は村名主隠居《むらなぬしいんきょ》であるが、五〇歳代に苗字帯刀を許され、小普請組《こぶしんぐみ》の幕臣《ばくしん》になる。その意味では武家姿は虚偽ではないが、ともあれ百姓身分であった忠敬が公儀直臣の威儀を正した姿で肖像画に描かれているところに、忠敬の周囲をふくめた身上り感覚を読み取ることが許されよう。

一八世紀に村名主から公儀領の代官に登用された後述の川崎《かわさき》平右衛門《へいえもん》定孝《さだたか》の画像は、烏《え》帽子《ぼし》直垂《ひたたれ》の姿である。武家の正装といってよい。代官《だいかん》は公儀の直臣であるから、不思議なことではないが、もとは百姓ということを考えると、やはりここにも身上り願望が付着しているといえよう。

伊能忠敬（伊能忠敬記念館所蔵）

川崎平右衛門定孝（個人蔵）

広瀬久兵衛（廣瀬資料館所蔵）

町人も、豊後国《ぶんごのくに》（現、大分県）公儀領日田《ひた》の豪商博多屋の当主広瀬久兵衛の画像を見ると、羽織《はおり》袴《はかま》であるが、右脇に刀を置いている。久兵衛は九州諸藩の財政改革に尽力した人物で、士分的な身なりを見せるのは不思議ではない。しかし町人身分の商人であることにはちがいなく、肖像を描く際に刀を身辺に配するのは、この社会階層の一格上の武士にみずからを連ねようとする意識の表れであろう。

こうした描き方は、絵師の側の意識からくるだけではなく、姿・形に注文をつける客の側の意識を反映しているはずである。武家社会の上から下まで、また村町の上層において、肖像画は、一格、自己の存在を身分的に引き上げたいという身上り願望を、はからずも表現しているといえよう。

平均への欲求

平等・平均への欲求が近世社会に根強くあった事例は、各地に求めることができるが、ここでは一つだけあげる。抑える側の目で見た、上昇の勢い、平準化の力の伸張である。

祭礼の桟敷をめぐる攻防

和歌山藩領の紀伊国伊都郡《きいのくにいとぐん》で由緒《ゆいしょ》を公認されていた「隅田《すだ》一族」が、享保《きょうほう》五年（一七二〇）、身分問題で藩に訴え出た。訴状「奉願口上」（上田登四郎家文書、其の十八、国立歴史民俗博物館）の記述にそって、当地でこのころ緊張が高まってきた事態をうかがってみよう。

このたび藩から「諸社仕来り《しきたり》」の「お尋ね」があり、隅田八幡宮《すだはちまんぐう》の「古例」について、垂井村《たるいむら》の庄屋・肝煎《きもいり》が返答書を差し上げたとのことであります。その内容が不正確であることに、「氏下《うじした》」（隅田一族の配下筋《はいかすじ》）の他村の庄屋が気づいて知らせてまいりました。そこで、一族の仲間が寄合を開き、古来よりの伝承を確かめ、書きしたためて提出します。そのなかで隅田一族の由緒を書き上げるのは恐れ多く存じますが、往古からの仕《し》来《きた》りが曖昧《あいまい》になっているのは御神前に対して黙止しがたく、すべてを書付けにして申し上げます。

隅田八幡宮は、「御宮之旧記等」の書類が天正《てんしょう》五年（一五七七）の「松永弾正兵乱」（織田軍団により滅亡）の際に焼失し、確実な記録はなくなりましたが、先祖より次のように伝承しております。八幡宮の起源については、山城国《やましろのくに》石清水《いわしみず》八幡宮《はちまんぐう》を勧請《かんじょう》したとも相模国《さがみのくに》の空山《くうざん》上人が鎌倉から勧請したとも言い伝えております。その後、隅田八幡宮は隅田一族と「隅田荘」一六か村住民の氏神となり、隅田一族が「社家」として「神事祭礼之儀式」を取り仕切ってまいりました。

隅田一族は、「鎌倉御繁昌」の時代には鎌倉へも相詰め、「弘安《こうあん》正慶《しょうきょう》之頃兵乱」の際には「御下文」をいただき、「馳参」って働いた恩賞として「大和紀州之内にて数ケ所之知行」を安堵《あんど》されました。そこで、隅田八幡宮へ多分の「社領」を寄進しましたので、八幡宮は大いに繁昌するようになり、「遷宮《せんぐう》」の際に音楽・能・操《あやつ》りが行われる場合は、隅田一族が「桟敷《さじき》」を構えて見物し、祭礼を取り仕切ってきたと言い伝えております。

「南龍院様」（徳川頼宣《とくがわよりのぶ》）が「御入国」（元和五・一六一九年、紀伊和歌山入部、五五万五〇〇〇石）の節、「由緒《ゆいしょ》」の改めがあり私共が「隅田組」であると確認され、「御切米《おきりまい》三拾石」を下されました。それ以後、「殿様江戸御上下」（参勤交代《さんきんこうたい》）の際は「松坂」（伊勢《いせの》国《くに》、参勤行路）まで送り迎えの「御供」をしてまいりました。「天草一揆《あまくさいっき》」（寛永《かんえい》一四〜一五・一六三七〜三八年）の時は、「隅田組」も参加の準備を命じられ、「御さしもの」（旗《はた》指物《さしもの》）も下げ渡されたと言い伝えております。こういうわけで、八幡宮「遷宮《せんぐう》」の際も、「往古之格式」で「諸人参詣群集警護」のため桟敷を構えて見物することは、隅田一族だけにしか許されないことになっております。

ところが、隅田組への特別の処遇を藩が取り止められて「御暇《おいとま》」となったため、次第に一族の面々が衰微の状態となり、「他国住居」の者も現れるようになり、「一族共困窮無力」の有様となりました。そのため「御宮之修覆・遷宮等之儀式」は、隅田荘の「氏下」の庄屋らが勤めるようになりました。

隅田一族がたいへん困窮し、遠くに暮らす者もいるという状態になって以後、今から三七年以前（天和三・一六八三年）に中嶋村の地士《じし》（和歌山藩郷士《ごうし》の呼称）が、隅田八幡宮に桟敷を構えて見物しました。しかし、力の弱った隅田組は、残念なことにそれを阻止できませんでした。また、垂井村の者（百姓）が遷宮の際に桟敷を構えたため、隅田荘の者がそれを壊し、大騒動になったこともあります。
重ねて申しますが、遷宮の節に隅田組でない者が桟敷を構えたならば「大成騒動《おおいなる》」になります。そのことを隅田荘の氏子・庄屋へ命じられ、往古の通り隅田組の外は桟敷を構えないよう「仰付」けて下されれば有難き幸せに存じます。

隅田荘、隅田党については中世史研究によって経緯が明らかにされているが、深くは立ち入らず、本書の視角から大事な点を指摘するにとどめる。隅田党は、二五家から二九家ほどの中世武士団で、血縁を超えて一族を構成し、隅田荘を中心に分散して居住した。多くの合戦に参戦して、戦国末は織田信長《おだのぶなが》、豊臣秀吉《とよとみひでよし》に従属したが、在村武士《ざいそんぶし》のまま近世をむかえた。こうした地侍《じざむらい》家・地侍集団は紀伊ではほかにも少なくなかった。

切り崩される特権

和歌山藩は浅野氏に次いで御三家《ごさんけ》徳川頼宣が元和《げんな》五年（一六一九）に入封《にゅうほう》し、藩政を展開したが、とくに徳川氏になって、この階層の掌握に努めた。隅田組一五人を地士（郷士）とし、三〇石を与えたのは寛永元・二年（一六二四・二五）のことである。もっとも隅田組のほうでは六〇人という認識を保持していたらしい。彼らは、普段は農業者であるが、先の訴状にいうように、藩主参勤の送迎役という晴れがましい特権を許され、島原天草一揆《しまばらあまくさいっき》への出動態勢のように、大事が出来《しゅったい》した時には城下家臣団の外周部隊として出動しなければならなかった。しかし対外的な場面でこそ、和歌山藩士の格式と待遇が与えられたから、こうした場は負担にはちがいないが、名誉の意識を充足させる機会でもあった。こうした中間層的《ちゅうかんそう》な階層・身分の存続は、兵農分離《へいのうぶんり》でいえば、妥協的な分離方式ということであるが、そこには島原天草一揆の出動態勢のように、初期の藩権力が家中の集合力以上の武力を常備することでようやく安心できるという現実的な理由もあった。

ところが、正保二年（一六四五）に、訴状で「御暇」という地士の「召放ち《めしはな》」が行われた。このころ頼宣が公儀に敵対する動きがあるという風評を打ち消すために、家臣の解雇や郷士への経済的な優遇、家臣団としての扱いを停止したためである。ただし、苗字公称などの名誉、格式という次元での特権は以後も続いたが、訴状にいうような経済力と権威の失墜がたちまち始まった。

所詮、隅田一族の地域社会での力は、近世では自力に基礎をおいたものではなく、藩権力という傘のもとで、しかも三〇石の給地《きゅうち》特権によって持続されるもので、いったんその優遇がなくなれば衰退するというものであった。入部《にゅうぶ》以来四半世紀を経た和歌山藩政は、百姓支配が進み、戦国の一揆勢力でもある地域地侍集団への妥協は必要でなくなった。隅田組一五人から三〇石ずつを収公すれば四五〇石の藩収増加になる。ただし、この方針は幕末に再修正される。

正保以後は、隅田組のそれぞれの個別家の消長と隅田組全体としての優越性の低下が進んだ。逆にいえば、百姓の特権身分層に対する立場の上昇と平等化が進行した。一七世紀中葉以降はこの傾向の強まりと、そのなかでの桟敷特権切り崩しである。この訴状によれば、最初は隅田組以外の地士の桟敷設置が起こり、隅田組を激昂《げっこう》させた。また垂井村の者が遷宮の時に桟敷を掛けたため、隅田組勢力下の村役人らがこれを壊すなどして大騒動となったという。これらは小前百姓《こまえびゃくしょう》が村役人に抵抗したり、従属農民が百姓化を目指したりする平等化運動とはいささか位相が違うが、村落社会の上昇運動の現れである点では同じなのである。つまりこの地域における身上りの地鳴りが始まっているのである。

隅田一族が頼ったのは、一族の力ではなく、和歌山藩権力であった。それは下からの平等化の力に対して上から差別化の力を奮って対抗することであった。こうした特権に対する抗議とそれへの対抗が各地で村方騒動《むらかたそうどう》を惹起《じゃっき》させたことについては多くの事例が報告されており、差別化の力に視点を向けた研究も成果を見せている。

上がろうとする力は、平均化をめざす平等主義的なものである。もとよりそれは、あくまでも近世的な身分制的な平等主義であって、特権的身分を廃止しようとするものではない。また全員で上がろうとするものでもなく、自家あるいは親族が抜け上がろうとするものであった。

士分化と身上りの欲求

兵農分離と身分移動

戦国社会の力が近世に与えた影響はさまざまであるが、惣国一揆《そうこくいっき》の力が一揆衆《いっきしゅう》のなかから近世の城代家老《じょうだいがろう》を生み出した事例を、兵農分離過程の一つとして紹介しよう。

地侍から城代家老に立身

伊勢国《いせのくに》（現、三重県）安濃津《あのつ》に主城を持つ藤堂氏《とうどうし》は、津藩祖《つはんそ》となる藤堂高虎《たかとら》が慶長《けいちょう》一三年（一六〇八）に入封《にゅうほう》した際、上野藩《うえのはん》の筒井《つつい》氏が領有していた伊賀《いが》一国をも領地として安《あん》堵《ど》されたので、上野にもう一つの城を持つことができた。上野城《うえのじょう》に藩主《はんしゅ》は住まず、参勤《さんきん》交代《こうたい》で帰国するたびに「越国《えつこく》」してこの城で家臣らへの御目見《おめみえ》を行った。ふだんの上野城は、城代家老《じょうだいがろう》が最高の権力者であった。

津藩史にかかわる歴史書で最もよく知られているのは『宗国史《そうこくし》』だが、その編者は、藤堂高文《たかふみ》である。高文の生家は、藤堂高虎の異母弟である藤堂高清《たかきよ》を祖とする津藩重臣の藤堂出雲家《いずもけ》である。高清は、元和《げんな》五年（一六一九）に七〇〇〇石の知行高《ちぎょうだか》を与えられ、初代の伊賀上野《いがうえの》城代《じょうだい》を命じられた。この時、高清は通称であった与右衛門《よえもん》を出雲と改名し、その後の当主が襲称したので、この家筋は出雲家と呼ばれ、幕末まで分知《ぶんち》せず家禄《かろく》を保った（出雲藤堂家）。高清の長男高秀《たかひで》は幼年から公儀の「質」（証人）となったので、次男高英《たかひで》が寛永《かんえい》一七年（一六四〇）に出雲藤堂家を相続した。しかし上野城代の職は引き継がず、津城下に移った。

高清の後を継いで上野城代になったのは、のちに代々当主が藤堂采女《うねめ》と名乗る家筋の始祖である（采女藤堂家）。紹介したいのは、出雲家ではなく、この采女家のことである。藤堂采女は、藤堂高虎の一族でもなければ譜代の臣でもない。じつは、伊賀土豪《どごう》出身で、名を保田元則《やすだもとのり》といった。保田元則は、苗字《みょうじ》を藤堂に改め、名を采女とし、出雲藤堂家に替わり、采女藤堂家が伊賀上野城代におさまり、以後代々この家の世襲となった。

下克上《げこくじょう》の時代が終わったにもかかわらず、なぜこういうことになったのか。藤堂家としては、下克上の時代を終わらせるためにこそ、こうした方法を選んだのである。伊賀と安濃津辺りは、地勢的に京・大坂に近いため、「天下人《てんかびと》」の戦略のなかで重視された。ことに山地と盆地からなる伊賀では、域外の勢力に思うままにされまいとする在地の土豪

（地侍《じざむらい》）・百姓が強く結合して、諜報力や体術、武術を育て、抵抗力を高めた。ここでは中世の守護仁木《にき》氏《し》の支配力が排除され、一円に支配する大名権力が成立せず、信仰を紐帯とする一向一揆《いっこういっき》とは異質であるが、大名権力に拮抗する「惣国一揆体制《そうこくいっきたいせい》」をつくっていたという点では同じであり、一向一揆がつくりあげた「百姓の持ちたる国」に似た一帯をつくりだした。隣国の伊勢においても、乱世を生き延びるために、強弱はあれ惣結合の自治的勢力が土地土地の底部に成長した。一志《いちし》郡《ぐん》小倭《おやまと》郷《ごう》では、地侍たちは北畠《きたばたけ》氏の配下であったが、同時に地侍・百姓の一揆地域でもあり、宗門《しゅうもん》結合とは異なる「百姓の持ちたる国」をつくっていた。

上野城代が、高虎の異母弟藤堂高清から伊賀の土豪出身者に替えられたのは寛永一七年（一六四〇）であるから、高虎生存中ではなく、死後一〇年ほど後の二代藩主高次《たかつぐ》の裁断による。以後、藤堂釆女家として世襲されるが、この交代は、少し前の島原天草一揆に「御出陣御用意」（『累世記事《るいせいきじ》』）の緊張を経験した高次の時勢認識と不可分であったろう。

その時勢認識とは、領内になお一揆構造的な性格が残っており、火種を抱え込んでいるというものである。それが伊賀の在地勢力の掌握の工夫を促し、その頂点にある者を城代に取り立て、かつ藩主家苗字の藤堂姓を与えて伊賀一国を支配させるという、これ以上ない懐柔策によって安定させるという逆手の策を思いつかせたのであろう。それよりも二〇年近くさかのぼった時期には、津藩はもっと軍団的発想が強く、出陣中の領内安定の手だては軍事的にも重要な課題であり、それが高虎に「無足人《むそくにん》」という郷士身分の公認を思いつかせ、近世を通じる制度になった。この無足人制度が、一八世紀後半以降、百姓が士分《しぶん》資格を得る回路になっていくことについては後に述べる。

藤堂高虎入封以前の上野城主であった筒井氏時代（天正一三・一五八五〜）に、土着化を強いられた村の地侍の家筋は伊賀の各所に存続し、神社を中心に宮座《みやざ》をつくり平百姓《ひらびゃくしょう》に対する優位性を保っていた。高虎は、由緒を誇る土豪・地侍を百姓と区別し、甲冑長《かっちゅうなが》槍《やり》の常備と帯刀《たいとう》を公認して臨時の兵役に応じる無足人という藩の在郷下士《ざいごうかし》（郷士《ごうし》）身分に編成したのである。それは、旧土豪・地侍層の士分化願望に応えて、藤堂家に向けられかねない牙を抜き、「国士まさかの御用」のために藩命に応える奉公人《ほうこうにん》であるという気持ちを満足させる政治的効果があった。

近世の惣無事《そうぶじ》実現は、天下人の覇力《はりょく》と宣言によって大きく進展したが、それぞれの新領主の領地ではそれぞれ硬軟の駆け引きがあった。妥協と見えるやり方によって伊賀の近世化を進める方策が、地侍の代表を思いきって世襲の上野城代職に任じてしまうことであった。上野城代と無足人身分への引き上げによって、伊賀の惣国一揆の最終的な解体と、一国惣無事を藤堂氏は手に入れることができたのである。逆にいえば、百姓への押し下げに直面していた土豪・地侍層の士分化がこうしたかたちで決着したのが、この地の兵農分離過程だったのである。

戦国の刻印と武士の地位

どんな時代でも先行する時代の影響を受け、その刻印が各所に刻まれる。はるかに遠い過去からも海外の社会からも影響されるが、近世社会が直前の「戦国」の世の影響を最も強く受けたのは当然である。前代の何かが弱まって遺風のように残る場合もあり、直前の状況に強く反発する逆の社会意思の形で現れることもある。江戸時代の国家や社会や社会運動は、「戦国」の長い争乱をくぐり抜けてきたことから大小深浅のさまざまな影響を受けている。全日本的な刻印もあり、「戦国」が地方的な痕跡を残していることもある。

最も大きな影響は、太平を第一に考える惣無事体制が創出されたことと、その体制を保証する身分として、争乱の主役であった武士が「治者《ちしゃ》」（為政者）身分という立場を獲得したことである。武士は、武力占有の覇者としてだけでなく、「名誉」「規範」の身分となり、それにともなう政治的責務と立《た》ち居振舞《いふるまい》の洗練を求められるようになった。

責務の最大のものは無事と安民《あんみん》の社会的保証である。武士支配の正統性はこのことと引き換えに天下の納得を得た。無事と安民の保証のために、一つは武器不使用原則の「偃武《えんぶ》環境」、一つは幕府奉行《ぶぎょう》・大名《だいみょう》に預けられた形でだが、公儀管理の「海禁《かいきん》環境」（鎖国《さこく》）

が政治的に整備された。乱世から治世へ、あるいは元和偃武《げんなえんぶ》というような文言は、こうした変化を表現したものである。

物無事・偃武は戦乱とは逆の状態だが、これは戦乱嫌忌の無数の感情が煮詰まって表現されたものである。天下一統事業も、弱肉強食の恫喝《どうかつ》ではなく、天下に対する無事、安民の約束によって可能であり、それに気づいた者が天下人になりえた。織田信長の「天下布武《てんかふぶ》」も武力主義の宣言ではなく、乱世克服の宣言にほかならない。和平、太平の希求も、「戦国」の産物にほかならない。

乱から治へと転回させて得られた惣無事を保守する事業は、「戦国」の争乱と下克上を体現してきた武士に委ねられた。ただし、武士も自己改造することで太平の指導的身分になることができた。武威・武力の装具と精神から離れきれない部分を残しながら、近世武士は「戦士」から「役人」へ転身し、「儒教核《じゆきようかく》」の政治文化をもっとも強く身につける努力を求められた。個人としての武士の変質だけではなく、組織として将軍・大名の直臣団は「軍団」から「為政《いせい》機構」に転換を求められた。近世初頭の社会的エネルギーはこのことに最も多く使われたのである。こうした反転をふくむ継起の関係も戦国の刻印・残影の一つであった。

だが一方で、近世武士はしばしば「先祖書《せんぞがき》」や「由緒書《ゆいしよがき》」の提出が求められた。それは武家の存在が先祖の功名により、それゆえ世襲的に身分存続できるという考え方に立っていたからである。先祖の功名とは基本的に武功《ぶこう》であり、武士の変化が求められる他方で、先祖の武功によって今日があるという生活意識をすべての武士が持っていた。これもまた「戦国」の刻印にほかならない。家臣だけでなく、大名家でも同じである。阿波国《あわのくに》徳島藩主蜂須賀《はちすか》家は、徳川将軍家から与えられた大坂の陣への参戦を賞する「御感状《ごかんじょう》」を安置する特別の間を設け、参勤交代の際には携行して往復することを、代々の慣行としていた。

兵農分離は、近世人《きんせいじん》にも、中世と自分の時代を分ける特徴として上下を問わず広く認識された。兵農分離は、順接の形で「戦国」が近世を規定した人間関係の表現であり、国家も社会も、その枠組に規定された。兵農分離は、戦国軍事勢力が機動力のある常備軍を確保しようとするところに起因している。すでに下克上というかたちで常在戦場による成功で立身《りっしん》を試みる者も多かった。

百姓身分の確定と支配は、土地・年貢《ねんぐ》政策で確認が進められたが、先行したのは常備軍の確立であった。常在常備の軍団は、武将・大名の身辺に配する側近士卒から始まる。下克上的な出世の者もふくめて、急場に間に合わせる形で肥大化した家中《かちゅう》組織は、一七世紀前半で大坂の陣、島原天草一揆への出陣を終えると、急速に政治機構に転換することが必要になった。そうしなければ、新しい敵ともいうべき領内の民百姓《たみひゃくしょう》に向き合って支配力を持続させることがむつかしかった。

下克上の状況は、個々の主体にそくして理解すれば、革命ではなく過激な「身上《みあが》り」状況というべき意識・行為の総体である。目前の仕組みを壊しながらだが、衰えてきていたより古い権威の引き上げさえも図りながら、その仕組みのなかへの上昇、参入を求める運動であったといえる。こうした下克上の性格は、下克上が否定された時代に入ってからの身上り運動にも、仕組み自体を否定せず自分が抜け上がることをめざす点で、類似の性質が残った。この意味で身上り願望・行動もまた、戦国の刻印を受けていた。

近世のどの身分社会のなかでも、身上り行動は、その内部での上昇、また他身分への離脱の形で多様に現れたが、なかでも「士分化」願望が顕在・潜在の民衆意識の潮流となったのは、戦国を通じて、武士が勝者・治者の社会的地位を確保したからである。武家政権の形は、戦国よりもはるかに古いが、武士は在村の小領主、土豪、地侍が大半の姿であった。兵農は分離せず一体であった。武士の社会的地位は、村々からはるかに身近なところにあった。勢力家にはちがいなかったが、村落武士のような存在はいくらもあり、また逆に百姓は少なかった。

しかし戦国時代の最後の三〇年間、すなわち近世の入り口である織豊時代にはさらに新しい状況が生まれた。最後の三〇年間ほど、いわゆる元亀天正《げんきてんしょう》の時代、天下一統のための剝き出しの権力争いが燃え上がり、弱肉強食状況となった。その過程で、大名が敗者になった領域では、士分化の可能性を持っていた者らが、主家没落とともに百姓へと押し下げられた。こうした地域では、武士家系の記憶と記録が百姓上層に残され、彼らは、草《くさ》分《わけ》・由緒の百姓家となった。村落社会で、一方で「御百姓《おひやくしよう》」意識を代表する階層でありながら、士分化の願望を持ちつづけ、武士の持つ苗字公称、帯刀など、武士身分の標識を公認されることを望んだ。

だが近世化の下では、もう一つ、士分化願望に匹敵する勢いで「百姓化」願望が働いたことも見落としてはならない。「戦国」の惣村化状況のなかで、増加しつつあった小経営の力量は、安民・無事の願望が「百姓」としての定着という形で発揮された。それは、農業者が近世国家のもとで「国家の民」(公民)として、数的に、また質的に公法的性格を強める動きでもあった。太閤検地《たいこうけんち》につづく初期検地が、百姓身分を増加させた。事実上の小農《しようのう》、隷属的な地位にあった小農民が百姓身分への上昇を、押し寄せる波濤《はとう》の勢いで実現したのが近世初頭であった。その後は、村社会の残った隷属身分の農業者の百姓への上昇、「小百姓」の地位・経営改善(上層の特権否定・限定運動)の動きが身分運動として持続したが、すべて地域による偏差があり、個性的な現れ方をした。百姓化願望・意識としての共通性の広がりという点で、士分化のそれのような近似的な様相も見せなかった。

とくに幕藩体制の衰退とともに、上昇運動・政策としての士分化の動きが活発になるのに対して、百姓化は、百姓から脱落・離脱（農民層分解）した窮民、無宿層の小農回帰運動として現れた。これが世直《よなお》し騒動のような尖鋭な形をとることがあったが、それは上昇運動としての百姓化行動というより、復帰運動・回帰運動としての百姓化運動であった。

大名家の家格意識

「士分化」が近世の「身上り」願望の中心なら武家は何を望むのか。大名肖像画の公家格好のなかに潜む上昇願望については、先に指摘した。近世武士の社会集団は、家格と役職の二系列が編み合わさって、細かくあげれば複雑多様な階層構造になっている。しかし、最も大きな線は大名と家老以下の家中である。「武家諸法度《ぶけしょはっと》」という法典があるが、それは大名を対象にしている。大名は「公儀」の構成者で、彼ら二〇〇～三〇〇人が「武家」といわれる階層をつくった。家臣団は、それぞれの大名の家来であり、公儀は直接の法令・教令を出さない。武士に対する公儀の法令・教令は大名に宛てるものだけである。家臣は、それぞれの藩で出される「諸士法度《しょしはっと》」の対象となる。「四民《しみん》」に入れられる「士」は、この「諸士」のほうで、大名はいかなる場合にも「民」には数えられない。

そうした大名の家格意識は、関ケ原《せきがはら》の戦い、大坂の陣などにおける戦功による知行安堵《ちぎょうあんど》、知行高や家筋に結びついた武家官位などで表され、江戸城での控えの間《ま》や行列での位置などに示された。要するに起居、儀礼における自家の位置に集約された。

近世大名の官位は、公儀による推挙、定員なし、公家官位との切り離し、という豊臣政権時代とは異なる性格のものに改編された原則で、将軍が朝廷に推薦して受領する形となった。ただ知行制による位階編制とは違い、個人に発給されるものであったから、親子が官位を有し、時には女性にも発給された。大名ではないが旗本や大藩の上級家臣のなかにも官位を有する者がいた。

大名層には「官位」への執着があった。それは天皇とのつながりの強さを証明するものとしてというより、大名同士の間での「家格」の上下、「家格」の上昇の願望の表し方としてであった。武家の官位は将軍推挙によって与えられたから、「受領」するたびに朝廷認識も深まるが、同時に推挙者である徳川将軍への敬幕感情を深め、幕藩結合が強くなるという関係にあった。

従五位下《じゅごいのげ》が、大名が公儀（近世国家）の構成者であることを証拠立てる位であり、国主称号（武蔵守《むさしのかみ》など）が、それに対応する官であり、叙位任官《じょいにんかん》と呼ばれた。しかし、従五位下は朝廷では階下の位であり、四位《しい》の位ではじめて禁中昇殿《きんちゅうしょうでん》を許され、江戸の参勤中でも儀礼上の優遇に差別があった。大名の官位上昇運動は頻度高く起こるものではなく、なにかの事情で官位降下を経験すると復旧を目ざすという稀な出来事であったが、その時には身分感情がきわめて赤裸に現れた。

盛岡藩主南部家《なんぶけ》の興味深い事例を紹介する（深谷克己「幕藩制国家の成立」『講座日本近世史1』有斐閣、一九八一年）。これは、南部家の官位降下という特別の事情によって起こったもので、一七世紀後半に多く起こるというようには一般化できない。またこれについての記録は、盛岡藩の歴史について多大な記録を残した横川良助《よこかわりようすけ》の『内史略《ないしりやく》』（岩手史叢第一巻）を用いるので史実の細部に不確実さがあると思われるが、南部家の事情からすれば、この時期に十分起こりうる出来事であった。

盛岡藩は元は一〇万石《ごく》で、家光《いえみつ》政権の時に従四位下に叙位《じょい》された。一〇万石の大名家は、最初は五位でものちに「四品《しほん》」に昇格することになっていた。ところで盛岡藩は、寛文《かんぶん》四年（一六六四）に嗣子問題から、盛岡藩八万石と八戸藩二万石に二分された。

南部家二九代になった南部重信《しげのぶ》ははじめ一門の七戸家《しちのへけ》を継いでいたが、兄である二八代重直《しげなお》の跡を継いで盛岡藩主となり、従五位下・大膳太夫《だいぜんだいぶ》の官位を得た。兄は従五位下山城《やましろの》守《かみ》で終わったが、二七代利直《としなお》は家光政権のもとで従四位下に昇進していた。重信は減封《げんぽう》によって四品の家柄から低落したと焦慮したのか、老齢になっていたが四品昇進の願望を表現し始めた。

天和二年（一六八二）五月、六七歳の重信は先将軍家綱《いえつな》の三回忌法事で上野《うえの》東叡山《とうえいざん》に新将軍綱吉《つなよし》に供奉《ぐぶ》したが、この時にわかに雨になった。ところが五位の大名は山門の内へ入ることも傘をさすことも許されなかった。重信は、「立かねて　上野か池の五月雨《さみだれ》に　身の毛も薄き　五位のぬれ鷺《さぎ》」と詠み、五位鷺《ごいさぎ》の姿になぞらえて身の不運を嘆いた。翌年も綱吉の東叡山参詣の供奉をした際に、「いにし年　五位のぬれ鷺此度は　夏も寒さに　又すくみ鷺」と詠み、五位の身分のままであることをかこった。『内史略』はこれらの歌が「台聴《たいちょう》」（将軍の耳に入る）に達し、その結果、「官位の賤《いやし》きをかこちたる心底、哀《あわれ》と感し思召《おぼしめし》、四品に叙せらるへしと営中へ被為召《めさせられ》」たと記している。

重信は五人の老中の前で、「御奉公実躰《じってい》」で「御用にも可相立者」であると評価された。そして、「領内の仕置《しおき》、仁政《じんせい》・養民《ようみん》の上、公務に怠りなき」という近世大名の資格にふさわしいとされた。そして、「領分も広く在之」ゆえ「十万石之高」と認められ「向後《こうご》十万石之軍役《ぐんやく》」を勤めることを命じられた。『寛政重修諸家譜《かんせいちょうしゅうしょかふ》』も類似の記録である。

重信は、「御重恩之御奉公」を「感涙」を流しながら誓った。官位ではあるが、天皇朝廷ではなく、将軍中核の公儀権力に対する誓いである。南部藩は、藩主の従五位下から従四位下昇進にあたって、「位記口宣《いきくぜん》」の件で京都所司代《きょうとしょしだい》・武家伝奏《ぶけてんそう》へ使者を派遣して打ち合わせを行い、「御礼献上品」として「禁裏《きんり》」（天皇）から「雑掌《ざっしょう》」に至る二七階級の上下の男女諸職に対して、黄金一枚（禁裏）と銀五三枚一五匁（金で四〇両）を用意した。藩内では、「四民御撫育《しみんごぶいく》」が「上聴《じょうちょう》」（台聴と同じ）に達したからであると受けとめて「万歳《まんざい》を奉祝」ったという評判が幕末の横川良助の時代まで受け継がれた。

こうした大名の「官位昇進運動」の全貌についても研究が進められている（堀新「大名の官位と「家政」「国政」」（岡山藩研究会編『藩世界の意識と関係』岩田書院、二〇〇〇年）。

武士身分の放棄と剝奪

大方は「身上《みあが》り」を望んだが、どんな時代にも異なる考え方をする者はいる。与えられた時代のなかで、より普遍性のある生き方を選ぶ者がいた。士農工商《しのうこうしょう》の身分のままで生きた者のなかにも、そういう者がいたが、なかには身分を拒むかたちでその意思を貫く者もいた。『農業全書《のうぎょうぜんしょ》』の著者として知られる宮崎安貞《みやざきやすさだ》は、そういう人間である。

武士から農業研究者へ

安貞は、元和《げんな》九年（一六二三）に生まれ、元禄《げんろく》一〇年（一六九七）に死んだ近世人、一七世紀人である。安貞は武士の家に生まれ、福岡藩に奉公することができたが、その身分を棄てて、農業研究家として生涯を捧げた。

近世の農業は、ほかの生産分野と比較すると、経営としては一子相伝《いっしそうでん》（嫡男継承《ちゃくなんけいしょう》）化が進んだが、技法としては一子相伝の慣習は薄く秘伝化しなかった。職人の世界に見られた徒弟制《とていせい》も、せいぜい村方地主層《むらかたじぬしそう》が、奉公人《ほうこうにん》に対して、たんなる労働力としてでなく、農家の後継ぎとして農法を修業させるという姿勢を示すことがあった程度である。しかし、そうした場合にも秘伝意識は薄く、そのことが手書きのものも刊行されたものもふくめて、多大な「農書《のうしょ》」（農業技術書）が近世社会で書かれた根本的な理由である（全貌は農山漁村文化協会刊行『日本農書全集』全七二巻・別巻）。

日本では農書は一七世紀にはじめて現れたが、中国ではすでに紀元前後に農書が生まれ、六世紀に『斉民要術《せいみんようじゅつ》』、一四世紀に『農書』、一七世紀に『農政全書《のうせいぜんしょ》』などが現れて周辺社会に影響を与えた。朝鮮では一五世紀に『農事直説《ちょくせつ》』が著されている。日本では一七世紀半ば、伊予国《いよのくに》（現、愛媛県）の武将の一代記『清良記《せいりょうき》』の巻七「親民鑑月集《しんみんかんげつしゅう》」が最古の農書とされている。一七世紀から一八世紀初めにかけて現れた農書を初期農書と呼んでいるが、それらのうちで最初に、しかも三都の一つである京都から刊行されたのが、一七世紀末に完成した『農業全書』である。体系性のある農書は、『百姓伝記《ひゃくしょうでんき》』『会津農書《あいづのうしょ》』などがわずかに早く書かれているが、刊行されたのは『農業全書』がはじめてである。

安貞は、広島藩士の次男である。広島藩は元和五年に福島正則《ふくしままさのり》が除封《じょほう》され、浅野長晟《あさのながあきら》が入封《にゅうほう》した。旧新家臣はきわめて不安定な状態にあったと思われる。宮崎家の推移は不明だが、次男の安貞は正保《しょうほう》四年（一六四七）、一五歳の時に九州の福岡藩黒田家（忠之《ただゆき》）に召《め》し抱《かか》えられた。大坂の陣後の大名家改廃で多くの牢人《ろうにん》が奉公先を求めて流浪していた状況のなかでは、安貞は恵まれたといえる。二〇〇石で新規召抱《めしかかえ》だったというから、評価される表芸を身につけていたのであろう。

ところが数年後、家光《いえみつ》政権晩年の慶安《けいあん》年間か承応《じょうおう》年間に（一六四〇年代後半）、安貞は黒田家を致仕《ちし》した。由井正雪《ゆいしょうせつ》の謀反計画、別木庄左衛門《べつぎしょうざえもん》の反乱計画などが現れたとして苛烈な処刑が行われていたころである。致仕とは牢人生活をおくることを意味し、正規の武士身分を棄てることを意味する。やむをえず牢人の境涯に落ちる者はあるにせよ、武功の誉れを求めて奉公先を渡り歩く時代ではない。

安貞の致仕理由は明らかでないが、「故あって、暇を乞ひて」と、自分の意思であったことを自著『農業全書』に記している。彼は福岡郊外の筑前国志摩郡女原村《ちくぜんのくにしまぐんみようばる》で農業実験と所々への農業実見行の日々をおくりはじめた。同藩の儒者貝原益軒《じゅしゃかいばらえっけん》・楽軒《らくけん》が紹介した中国の農書、徐光啓《じょこうけい》著『農政全書』（一六三九）を参考にして、実験・実見を開始したのである。畿内や諸国をまわり、老農《ろうのう》・篤農《とくのう》を訪ねて農芸の事を尋ね、自分の農圃《のうほ》で実験した。益軒・楽軒の奨めもあったと考えられている。かりにそうだったとしても、当時の武士身分の者のなかできわめて意志的な選択であったことはまちがいない。

安貞は、この営為を四〇年間続けた。彼は一七世紀八〇年代の貞享《じようきよう》年間に福岡藩から「切り扶持《ぶち》」を与えられているが、おそらく農事実験が評価されたうえでの給与だったと推察される。安貞のさまざまな農事技法論を根本で支えている視座は、小農の農業ということと、労働集約的な肥培管理、すなわち惜しみなく労働力を注ぎ込んで世話をする農業ということの二点である。

安貞が刺激を受け吸収した中国の『農政全書』は一六三九年に公刊されたものだから、ほとんど同時代といってよい中国文化の一つだが、「我が国に用いて益あるべきをえらびて、これをとれり」と主体的に選別したことを安貞は強調している。こうした「日本」の意識化は、『農業全書』もその一環である元禄《げんろく》文化の特徴で、とくに上方《かみがた》町人の文化（井《い》原西鶴《はらさいかく》、近松門左衛門《ちかまつもんざえもん》ら）には顕著であった。

こうして蓄積された農業技術論を、安貞は元禄一〇年（一六九七）になってようやく『農業全書』一〇巻にまとめた。すでに七五歳になっている。この書物の影響は長期にわたり広範囲に及んだ。ともあれ上昇志向ですべての近世人を塗りつぶすことはできず、家臣の位置を棄てて農業技術の改良に生涯を捧げた人物が実在したこと、そうした人生コースを支えるだけの民間社会が実在したことを確認しておきたい。

兵農分離が激しく進んでいた時代に、武士への可能性を捨て、商人として生きることを選んだ人物がいる。選んだのは祖母である。この商人を中嶋了以《なかじまりようい》（両以）という（伊藤忠士『近世領主権力と農民』吉川弘文館、一九九六年）。

武士より商人になることを選ぶ

延宝《えんぽう》三年（一六七五）に、七一歳になった中嶋両以正久《まさひさ》は、「両以子孫集参」とあるから、子孫への書置《かきおき》として「中嶋了以記文」（『岐阜県史』史料編近世七）をまとめた。その中身は、中嶋家の来歴を記した「中嶋由来書」と、両以自身の自伝を記した「両以誕生より七拾一歳迄之由来書」からなっている。

武士ではなく商人への途を選ぶにいたった同家と両以の経緯を追ってみよう。中世美濃における中嶋家は、屋敷内に家来をおき、周囲の小農民を支配し、みずからは規模の大きい耕地を差配する、守護大名《しゆごだいみよう》から美濃紙《みののがみ》の専売権を与えられる有力な地侍であった。地侍層は、戦乱の過程で在地性を薄めていく者もあり、土着帰農《どちやくきのう》する者もいた。

両以の祖父にあたる中嶋両佐《りようさ》は、織田信長《おだのぶなが》の美濃入国の際に「御目見得《おめみえ》」を許され、近江《おうみ》平定後は近江浅井郡《あさいぐん》の代官《だいかん》に任じられた。美濃武儀郡《むぎぐん》の代官にも任じられた。中嶋家は、豊臣《とよとみ》政権時代の太閤検地《たいこうけんち》でもかなりな田畠を名請《なう》けしている。中嶋家縁辺の者のなかには、武士の途を選ぶ者もいたが、両佐は、関ヶ原《せきがはら》の戦い直後に、六〇歳という高齢で、田畠を預けて、一族ともに京都に移住し、京都で金融業を営んだ。やがて息子に金融業を任せて隠居《いんきょ》したが、孫の両以が生まれるとそのまま養子として引取り育てた。そして、美濃長良《ながら》の百姓らに貸していた田畠の差配をさせるために、両以をその名代《みょうだい》に据えた。

祖父母のもとで育てられた中嶋両以は、成長すると、武家奉公《ぶけぼうこう》の誘いを再三請けた。十分成長して才能・力量が認められるからというのではなく、すでに九歳の時に姫路藩の家臣から仕官を勧められた。「母方之祖父」で知行高《ちぎょうだか》四〇〇石の柴山氏が、「兄同道ニ而」姫路へ行った時に、取立てるからと留めた。しかし、「京之祖母、同心不参《まいらざる》」るため、京へ戻ったという。この推挙は、中嶋家としての奉公ではなく、両以個人を池田家へ奉公させるという勧奨であったと考えられる。まだ大坂の陣以前の、慶長《けいちょう》一七年（一六一二）のことである。各地の大名家では、筋目《すじめ》の確かな家臣団の形成に努めている時期である。一人前の年齢ではないが、確かな家中の武士が推挙者であればそれに監督させて成長させ、後に正式に召し抱えるという手順はありえないことではなかったろう。だが、その申し出は養母というべき祖母が賛成しなかったために流れている。

これは祖父の両佐がその前年に死去したため、親権者としての意思を示したものだが、選択にはあきらかに武士にさせたくないという祖母の意思が感じられる。それは戦場での闘いが実際に落命、家の断絶につながる現実を眼前にする下克上状況での女性的な選択だったのであろう。戦乱は避けるというのが祖母の大事にしたことで、大坂冬の陣では、祖母と共に「鞍馬《くらま》へ落隠《おちかく》レ」、災難に遭わないようにしている。

中嶋家は、大坂冬夏の両陣の際には水谷兵部という牢人を家に泊めている。両以は一一、二歳くらいだったが、この牢人から「養子」に貰い請けたいと申し出があった。この時も「祖母同心不仕《つかまつらざる》」ため流れている。祖母は、両以を身近におきたいという気持ちが第一だったのかもしれない。一三歳の時には、あちらこちらから小姓役や養子など、武士社会から望まれた。加賀藩の家臣からは、前田家への小姓勤《こしょうづと》めを勧められている。これを勧めた加賀藩士は、中士《ちゅうし》か上士《じょうし》のしかるべき身分である。しかし、これも「祖母無同心《どうしんなき》」のため、流れている。そうして、元和五年（一六一九）に一人前になった一六歳の両以は、祖母とともに美濃に帰国して、農業経営に着手した。

両以の前途を選択するうえでは、祖母の発言が大きな役割を演じている。祖母は、

武士候へハ一郡之城主、町人・百性(姓)致候へハ、其国之長者《ちょうじゃ》ニ成、

といったという。武家の養子や武家奉公の勧めに、祖母は泣いて反対するので、それ以後は養子口の話もなくなったという。両以は美濃に土着して、近隣の村々への金融・醸造業を拡大し、新田開発も進めた。経営は行き詰まることもあったが、寛永《かんえい》一四年（一六三七）、三四歳の時には前途を打開すべく、木曽《きそ》・飛驒《ひだ》の木材伐り出しに転じ、尾張藩《おわりはん》の保

護を受け、御用材木商人となった。その後、美濃長良の耕地はほとんど縁戚の農民に分けて、商業活動に専念した。両以は、名古屋を中心に江戸・大坂・敦賀《つるが》に定手代《じょうてだい》を置く店舗を構え、材木・綿・油・干鰯《ほしか》・茶などを手広く取り引きして、年間一万両を売上げる商人になった。こうして、成功者として両以は、延宝《えんぽう》三年（一六七五）、七一歳になって家伝・自伝をまとめたのである。

このように兵農分離過程にも、武士化の途をあえて選ばず、社会的に成功に至る者がいたことは知っておく必要がある。そして、これに似た生き方は少なくない選択であった。江戸時代に成功した商家は、おおむね武士の家筋であるか、またはそのように称している。三井家《みついけ》で見ると、同家の『家伝記』によれば、「家祖」は三井越後守（法名三明宗観《さんみょうそうかん》）であるとされる。この人物は近江国守護であった佐々木家の家臣であった。佐々木氏は京極《きょうごく》・六角《ろっかく》氏に分かれるが、三井家の祖は六角佐々木氏の家来であったと考えられている。六角氏の滅亡（永禄《えいろく》一一・一五六八年）が契機であったか、牢人して伊勢国に移った。

当初は武士としての奉公の機会を探っていたのか、武具を手放さず武士の気位を持ち続けたといわれる。名古屋など、城下町の上層町人は天正慶長《てんしょうけいちょう》の戦国最末期の勢力変動のなかで武士や従者から転じた者の子孫が大半であった。少なくともそうした系図・家伝を有する者が多かった。大坂の豪商 鴻池家《こうのいけけ》の始祖鴻池新右衛門《しんえもん》も、尼子《あまこ》氏武将山中幸盛《やまなかゆきもり》の長男と伝えられ、摂津《せっつ》の鴻池村に育って商業活動に成功した家である。兵農分離は、武士、ないしは戦場往来の者の商家としての定着化を大いに進めたのである。

これは農村でも同じで、村役人層や百姓一揆の指導者で義民《ぎみん》化した者は、たいへん高い比率で武士出自を記録・伝承で証する家筋の出であった。やや大げさに概括すれば、近世の上層商家・上層農家は武士の転身として形成された。さらに言い方を変えると、武士化の可能性も一時期はあったなかで、それを拒まれたか拒んだ社会勢力として、百姓・町人の上層があったということである。そしてこの階層こそが、じつはもっとも自覚的で普遍性のある「御百姓意識」「町人意識」を育てたのである。

仕官お断りと士分剝奪

いったん牢人境涯に陥った者の大半は再仕官を切望した。しかしなかには、牢人境涯をむしろ選択する生き方も見られた。

井上弥一郎《いのうえやいちろう》は、もと熊本藩主加藤忠広《ただひろ》の家臣であった（紙屋敦之「梅北一揆における井上弥一郎とその後」、日本史攷究会編『日本史攷究と歴史教育の視座』早稲田大学メディアミックス、二〇〇四年）。井上弥一郎のような例は他にも少なからず求められると思うが、再びみずからは大名に奉公することを拒み続けるという生き方を、兵農分離時代のもう一つの道筋として紹介しておきたい。

加藤家は、寛永九年（一六三二）に「武家諸法度《ぶけしょはっと》」に背く所業ありという理由で除封《じょほう》され、家臣のすべては牢人した。井上弥一郎は、この時剃髪《ていはつ》している。剃髪は気持ちのうえでは主君に対しては殉死に近いものであり、自身としては遁世《とんせい》の意識の発露だったと思われる。弥一郎は、本貫《ほんがん》の地《ち》である近江《おうみ》甲賀郡に還住《かんじゆう》したが、複数の大名から、召し抱えたいという申し入れを受けた。

寛永九年（一六三二）秋、肥後《ひご》熊本五四万石藩主として入封《にゆうほう》した細川忠利《ほそかわただとし》が井上弥一郎の行方を捜し、召し抱えたい旨を伝えた。しかし弥一郎は、老いを理由として受けなかった。また武蔵国忍藩主《むさしのくにおしはんしゆ》の老中松平信綱《まつだいらのぶつな》も、忍城留守居《るすい》として召し抱えたいと申し入れたが、弥一郎はこれに対しても老いを理由に固辞した。

寛永一三年（一六三六）秋、摂津国尼崎《せつつのくにあまがさき》藩主の老中青山幸成《ろうじゆうあおやまよしなり》から、弥一郎の息子二人を召し抱えたいとの申し入れがあった。これに対して、弥一郎は自分自身は牢人のままで構わないという条件をつけ、息子らの青山家奉公を承諾した。ふつうは、子供が召し抱えられるとすれば、父親は同居して、その身分の家の隠居となる。後継者が「旗本」に昇格したので、「御家人」であった隠居の父親が「旗本隠居」になったことは、先に見たとおりである。また川路聖謨《かわじとしあきら》の養父が跡取りの就職探しを願って酒断ちを実行したのも、「川路家」の存続のためである。

これらの身の処し方と比較すると、井上弥一郎の選択は自然のなりゆきではなく、きわめて意思的なものである。自身も子供の仕官によって安定したいのであれば、牢人境涯のままであることを条件にする必要はない。弥一郎自身でいえば、武士として再仕官することを拒否したことは明らかである。武士身分に戻ることを拒んだというべきであろう。

武士社会の上下について、初期の明君《めいくん》とされる岡山藩主の池田光政《いけだみつまさ》の言説（『池田光政日記』）から、興味ある意見を引き出してみよう（深谷克己『近世人の研究』名著刊行会、二〇〇三年）。すべての大名と同様に、光政も池田家の存続に多くのエネルギーを注いだ。後継者の綱政《つなまさ》を育成したことで目標は達成されたが、父親として、何人もの子女の行く末も気がかりなことであり、池田家の縁戚集団を形成するうえでも大事な課題であった。

次女輝子《てるこ》は、上層公家の一条教輔《いちじょうのりすけ》に嫁ぎ、朝廷世界と池田家は関係を深めた。この婚姻は、将軍家光《いえみつ》の申渡しの形で実現したもので、このことに光政の「身上り」願望が働いたかどうかははっきりしない。しかし、この婚姻の結果として、一条家への「合力《ごうりき》」（経済的援助）を再々求められ、さらに教輔の「不義」によって、娘輝子の苦衷を父親として聴くという苦い経験を持った。

光政はすべての子女の上昇を望んだのではなく、長女の奈阿《なか》については、「大身成衆《たいしんなる》」ではなく、本多忠平《ほんだただひら》に遣わしたいという意向を表明し、将軍からも認められている。いずれにしても幕藩領主の最上層の男の選択であって、たいした違いはないという見方もありえよう。しかし、三〇万石級の自家に引けを取らない婚家にこだわる通常の家格意識、より上位の大名家と婚姻を通じて絆《きずな》を固めたいという普通の上昇願望を標準に考えれば、光政は、明確な一つの見識を持っていたというべきであろう。

このことをはっきり示すのは、四女富《ふ》幾《き》の婚約である。老中酒井忠清《さかいただきよ》の申入れを受け入れたが、光政は「とかく大身衆とハ、かたく私いやに存候」（明暦元年一二月二七日）と表明している。庶女の六姫は、池田氏一門で家臣の地位にある池田主計《かずえ》に嫁がせた。ところが、娘婿の主計の京都での不行跡を知り、光政は、池田家の滅亡さえ憂慮しながら異見を加えている。しかし、池田主計は受け入れず、ついに「逐電《ちくでん》」するという結果になった。光政は主計を「うつけ」と罵《ののし》りながら、娘を岡山城に引き取った。

このように、大名光政には、もっぱら「大身」の者と縁戚関係になることを拒む気持ちが強かったが、他方、一門にして家臣であり、主君の姫君を妻にしながら「退転《たいてん》」した池田主計の武士意識はどんなものだったのか。池田家一門といえば、重臣の一人である。「不行跡」というから、主計には主君の娘である妻よりも好もしく思う女性が京都にいたのであろう。京都は京屋敷への出向なのか訪問先であったのかはっきりしないが、主計が不安定な境遇に落ちることは避けられず、牢人か武士身分の喪失という結果が推定される。そのこいずれにしても岡山藩の武士社会からの脱落という刻印はついてまわるであろう。

とを、妻の父親の叱責にもかかわらず、みずから「逐電」のほうを選び実行したのである。

近世の武士身分は名誉の規範身分であるが、そこからしばしば脱落・逃亡、あるいは武士身分の剝奪が起こっていたことを、兵農分離の様相として見落としてはならない。少し後のことだが、武士身分の剝奪を記録している朝日文左衛門《あさひぶんざえもん》『鸚鵡籠中記《おうむろうちゅうき》』で一、二の事例をみておこう（前出、深谷『近世人の研究』）。

元禄《げんろく》八年（一六九五）、目付役《めつけやく》石黒作兵衛は、藩主参勤交代の供をして江戸に向かう途中、馬上から脇指《わきざし》の抜身《ぬきみ》を落としてしまった。それを自分では探し出せなかったため、江戸藩邸に着いてから書置を残して逐電した。こうした逐電を、立退《たちのき》、出奔と記している他の事例もある。

元禄五年には、博奕《ばくち》を行った二人の藩士が、「大小御取追放」となっている。屋敷は闕所《けっしょ》となり、「士外」、つまり士籍剝奪の申渡しがあった。その一人、時田喜兵衛は、不憫《ふびん》だからと、籠に乗せられて追放された。帯刀しない丸腰の身なりを、領内の者に見られるつらさを配慮したのである。彼らの前途を想像すると、縁を頼って上級武家の用人に召し抱えられる幸運を得るのでなければ、土地や資金の必要な百姓・町人への転身も容易ではない。あるいは尾州家浪人を、憚《はばか》りつつ自称し、生活の糧をその時その時に稼いで、一生をおくったのであろうか。

村の士分化願望・百姓化願望

下野国物井村名主の「奉公」願い

近年の近世史研究では、「由緒《ゆいしょ》」論が活発である。それは必ずしも「家」の「士分化《しぶんか》」と「身上《みあが》り」願望に限らない。村や地域も由緒を記録し、農家に限らず、商家も寺社家も由緒を記録した。それがいつ盛んになるかについても議論は続いている。他の農家や従属農民との争いを勝ち抜く「差別化」のために、自家の由緒を主張する場合もあれば、由緒の家を有することが、他村に対する村の利益と考える場合もあった。

由緒を持つ家であると主張することと、「士分化」への行動は同一ではないが、一七世紀に現れた士分化願望や行動は、おおむね歴史に根ざした根拠をもって表出されたものであった。ここでは一例だけにしたい。

元禄一二年（一六九九）、下野国芳賀郡物井村名主平右衛門《しもつけのくにはがぐんものいむらなぬしへいえもん》は、願書を書いて旧主家の用人に差し出した（『栃木県史　通史編4　近世一』『栃木県史史料編近世三』）。願書は、三ヵ条からなっている。

第一条では、曾祖父（斎藤姓）までは「代々、宇都宮弥三郎様」方へ「少し之御奉公」をしてきたが、主家が「御闕所《けっしょ》」になって以後は「百姓」となり、「庄屋役」を勤めてきたと、自家の立場を述べる。同家は、戦国時代、下野国の豪族宇都宮氏《うつのみやし》に奉公《ほうこう》してきたが、主家が豊臣秀吉《とよとみひでよし》によって慶長《けいちょう》二年（一五九七）に「闕所」の処分を受けた。それを契機に、平右衛門家は物井村に土着して村役人になったのである。

第二条では、今度物井村を領分にした「殿様」は「宇都宮ノ御末《おんすえ》」と承っている。「御当地ニて之御奉公」を勤めたいので「召出《めしだ》」していただきたいと懇願している。下野国芳賀郡物井村は宇都宮氏の家筋の旗本宇津《うづし》氏の知行所《ちぎょうしょ》になった。この「召出」は主家の内へ入る奉公ではなく、在地したままでの主従関係を希望するものである。

この地域の名主層の相当数は、宇都宮氏配下の地侍（土豪、小領主）であったが、主家没落とともに草分《くさわけ》・由緒の村役人層になった。この階層は、先祖との比較で「武士」が「百姓」に押し下げられたという意識が形成された。逆にいえば「士分」意識が持続した。彼らは、村役人としての勤めを「村での奉公」ととらえ、村政の諸帳面管理を任された在《ざい》地奉公《ちほうこう》と認識した。実際、近世初期には村役人に扶持《ふち》が与えられることも少なくなかった。扶持とは、年貢《ねんぐ》・諸役《しょやく》免除の土地を公認されることだが、土地から年貢を上納すれば百姓、土地からの収穫を与えられれば知行地を持つ士分と解釈すれば、同じ人格の十分の九までは百姓身分で、十分の一は武士身分という存在になり、その十分の一の上位のほうの武士身分で自己意識を飾ろうとするようになる。

第三条目では、「御扶持方《ごふちかた》」について、「殿様」に現実に扶持を与える力のないことは認識していることを前提に、「少々之御擬作《おんぎさく》」でも「苦しからず」「構い無御座」と、形式上の扶持給与であることを百姓の側から提案している。

同じような家筋の下野国芳賀郡籠谷村《こもりやむら》の大塚家も、主家の宇都宮氏没落後「牢人」となり、一族相談の末、「百姓暮し」を選択し、田畑を買い集めた。息子や娘らもそれぞれ同じような由緒百姓として分地したり縁付いたりしたが、村で牢人の境涯を七年おくったのち酒井雅楽頭《さかいうたのかみ》に仕える好機を得て、「出世」した者もいた（『土佐記』）。

兵農分離時代には、一族親戚のなかに、武士になった者、百姓になった者が並存することも少なくなかった。近世の身分制のなかでは、もっと細かく小さな家族のなかに武士である者と百姓である者が生活を共にするという状況さえありえた（藪田貫『近世大坂地域の史的研究』清文堂出版、二〇〇五年）。

ところで、下野国芳賀郡の後のことになるが、飯貝村《いいがいむら》に住む大塚家の記録によると（『庫内日記《こないにっき》』）、一八世紀中ごろの宝暦《ほうりゃく》年間（一七五一～六四）に、今では水戸藩の家臣になっている「古主人」（宇都宮氏子孫）が水戸藩主の名代で日光社参《にっこうしゃさん》のために下野へ来た。その宿所で「古譜代共」が「御目見《おめみえ》」をし、「御官途申請」を行った。そして「首尾」よく済んだという。

官途状《かんとじょう》とは、官吏としての地位・職掌を与えることを約束または推挙する証文である。しかし、旧主も実際はそうした官職を約束できる立場にはない。これは主従関係の確認書にほかならない。それを持っていることが、家族親戚の結束に役立ち、村内や村間での権威として働くことを期待しているのである。つけ加えると、近世成立期の地域変動で主家筋が没落した下野の村・町では、近世後末期になるにつれて主筋《しゅう》の家との間にかつての主従関係を意識することが進み、あらためて「旧臣帳」を作成して由緒を誇ることが広まった。壬生《みぶ》氏・宇都宮氏・小山氏などの事例が知られており（松本一夫「近世宇都宮氏による官途状発給とその意味」『栃木県立文書館研究紀要』一〇、二〇〇六年ほか）、壬生氏については、そのことがどのような生活上の行為として現れたかが検討されている（泉正人「「旧臣帳」考」瀧澤武雄編『中近世の史料と方法』東京堂出版、一九九一年）。

こうした士分化願望と矛盾するようだが、村役人層は、近世的な「御百姓意識」――「公《こう》儀《ぎ》の民《たみ》」（国家公民）として年貢諸役を上納することとの引き換えに領主の責務として安《あん》民《みん》・無事（「百姓成立《ひやくしようなりたち》」）を期待するという合意――の保有者として、百姓世界を代表する者でもあった。兵農分離時代に話を戻すと、慶長二〇年（一六一五）、下野国都賀郡《つがぐん》鍋《なべ》山村《やまむら》小曽戸家の大雅楽助《おおうたのすけ》は、子供に宛てた「遺言状」で、「作以下に念を入」「かせきゆたん《（稼ぎ油断）》有ましく」「御代官などへ、とき々々御見舞」という百姓世界の勤勉・交際作法を説いた教諭を残している。

百姓化の勢い

近世史の「兵農分離」は、分けていうと、少数の「兵」の形成と多数の「農」の形成であり、社会のなかに「士分化」の流れと「百姓化」の流れを二大潮流として生み出した。百姓化の身上りが実現されることで、じつは近世の幕藩体制が成立するのだが、それは畿内近国を足場にした中央政権の政策基調として示され、確立に至るには、各地で「百姓化」の身上り闘争を経なければならなかった。いわゆる「名子《なご》抜《ぬ》け」という自立闘争が各地で起こっている。

草分百姓層の「士分化」願望は、旧主との関係意識の残滓《ざんし》によるものだったが、もう一つ、村・地域の住民との関係に不安定さがあったことによってもそうした願望が刺激された。というのは、この階層に対してやがて、家ごとに従属する非百姓身分の農民や、百姓身分だが草分・由緒の上層百姓家に対して従属的な立場におかれた百姓（平《ひら》百姓・小前《こまえ》百姓）らの特権への抵抗が強まり、さまざまな形の村内部の騒動が発生したからである。兵農分離時代では、特権は、自家の農事・家事のために働かせること、領主への負担を石高《こくだか》基準でなく家（軒《のき》・面《つら》）基準で上納することが周囲の抵抗を招いた。

由緒・草分農家の、土豪《どごう》・地侍《じざむらい》時代の家の子・郎等《ろうとう》は、主家が武士になれば家士《かし》用人《ようにん》あるいは若党小者《わかとうこもの》として士分的地位を得たはずだが、主家の「百姓化」によって、百姓以下の従属身分に押し下げられた。農家の支配下の労働力になったのである。こうした従属農民は、土地によりいろいろな呼称があった。彼らは、明治維新まで忠実な従属農民として存続する場合もあったが、主家に対して使役権などの特権の制限あるいは拒否の抵抗を行い、百姓取立てへ向けた身分解放運動を行うことが各地に見られた。百姓身分に上昇できないまでも、事実上の小作農民に変化していくことも多かった。近世社会が発揮した平等平均運動の側面である。

下野では、従属農民は前地《まえち》・門屋《かどや》・譜代《ふだい》などと呼ばれたが、こうした「前地・門屋を持つ程の百姓」は「往古由緒ある者」であると認識されていた（『農家捷径抄《のうかしょうけいしょう》』）。こうした従属身分の者は、個々に抜け上がるかたちで解放されることもあったが、村中の者がいっきょに解放される場合もあった（深谷克己『増訂版百姓一揆の歴史的構造』校倉書房、一九八六年）。

西汗《にしふざかし》村の事例は後者にあたる。この村は由緒・草分の百姓一一人で構成されていたが、新しい宇都宮藩主のもとで元和《げんな》六年（一六二〇）から城普請《しろぶしん》の労働夫役《ぶやく》を出さなければならなくなった。この労働役は家別にかかったため、一一人の百姓は難儀におちいった。そこで、「家来普代《けらいふだい》輩《のともがら》」二四人も百姓役負担者にすることを藩から認めてもらい、百姓数を三五人に増やして城普請に対応した。ここでは、領主の過重な課役が、逆に村の平等化、身分の平準化を進める契機になっているのである。

これを画期として、西汗村では、前地層が公式に百姓として認定されるようになった。しかし、身分上昇しても、百姓としての負担がなくなるわけではない。家別に負担するやり方では、石高の小さい家の負担が過重になる。この村では、三〇年ほど後の慶安《けいあん》五年（一六五〇）に日光普請役《にっこうふしんやく》が掛けられた時に「小百姓《こびゃくしょう》」らが持高基準で負担することを要求しているが、これは特権制限の第二段階的な運動であった。

河内郡田中村《かわちぐんたなかむら》では、貞享《じょうきょう》三年（一六八六）に、主家が経営に行き詰まり、前地七軒からそれぞれ三両二分ずつ出すことを条件に「前地ゆるし」（百姓化）を実行すると提案した。しかし、前地七軒は金銭による解放には応じないで、それぞれの耕作地のうち「上畑」五畝《せ》一五歩《ぶ》ずつを渡し、その年貢も主家が上納義務を負うことを求め、主家から与えられていた屋敷も返還した。屋敷立退きは七軒の前途のけわしさを想像させるが、現金収入を当て込んでいた主家からすれば、相手側の言い分を受け入れた前地解放であった。

先に紹介した芳賀郡物井村の名主家も、「普代」の従属農民がいたが、貞享四年（一六八七）に五人の「普代」と「一札《いっさつ》」を取りかわしている。それによれば、大きな出入りがあって彼らは「新百姓」として認められた。そこで、これまで主家の屋敷内にあった墓地に葬られてきたが、今後は円林寺という寺を菩提寺《ぼだいじ》にしたいというもので、それを承認するというのが、残されている「一札」の内容なのである。

こうした近世農村内部に残された主従関係のような社会関係は、一七世紀を過ぎ、いったん構造化されて一八世紀以降に持ち越されると、常に自立運動が続くとは限らない。なぜなら主家は、そうした従属農家の扱いを改善して、その生活に恩恵的な手当を行い、従属農民もまたそれに依存し、恩頼の感情を持つようになる。そうしてこの関係が「秩序」化される。それはちょうど近代地主制村落にも広く見られた様相である。

しかし、そのことですべてを説明できないことは、本書後述の信濃国南山郷《しなののくにみなみやまごう》の事例で示す。下野国においても、前地村落地域や尊徳仕法《そんとくしほう》村落の一帯が世直《よなお》し騒動に加わらなかったとしても、そうした恩恵、改良がすべてに及ぶことが困難であるかぎり、溢水《いっすい》洪水のかたちでの平準化の願望、あるいは行動の可能性の胚胎は避けられないのである。

幕藩体制を再活性化する身上り

抜擢による百姓の士分化

名主平右衛門の御料代官への立身

近世の身分制度は、どの時代の制度もそうであるように、幕藩体制《ばくはんたいせい》を維持しようとすればするほど、柔軟な応用、いいかえると世襲身分制の例外的運用が必要になった。そのことが、近世の体制を持続させる方向に働く範囲と程度にとどまるのか、あるいは幕藩体制の動揺の因子をつくることになるのかは、大きな視野から見なければ判断できない。少なくともそうした身上《みあが》りは、抵抗運動の性格から遠いもので、現存の秩序を維持するために治者と選ばれた者の合意によって実現した。

武蔵国《むさしのくに》多摩郡《たまぐん》押立村《おしだてむら》名主《なぬし》川崎平右衛門《かわさきへいえもん》定孝《さだたか》（本書五一頁参照）は、一七世紀末に生まれて一八世紀に生をおくったという生存期間から見ても、もっとも近世人《きんせいじん》らしい一生をおくった人間である。その環境は、由緒《ゆいしょ》の家筋を持つ村役人家であったが、生涯に、村名主《むらなぬし》から御料《ごりょう》（幕領《ばくりょう》、天領《てんりょう》）代官《だいかん》に、すなわち百姓の世界から将軍直臣《しょうぐんじきしん》の武士に身分上昇した（「川崎平右衛門略伝」『東京府民政史料』竜渓書舎、一九九二年。村上直『江戸幕府の代官群像』同成社、一九九七年）。

平右衛門の身分移動は、行政能力の強化のために「農」の世界からも人材を抜擢するという当時の公儀《こうぎ》の方策によって実現した。兵農分離《へいのうぶんり》によって武士と百姓の世界は空間的にも分かれたが、このことは支配と秩序の安定だけをもたらしたのではない。五代将軍綱吉《つなよし》は、将軍に就任して四か月後に七ヵ条の「条々」を出したが（『御触書寛保集成』一三一二号）、その三条目は、「民は上へ遠きゆへに疑《うたがい》有ものなり」というものである。兵農分離体制のもっとも弱い点は、ここにあった。それゆえ、「民百姓《たみひゃくしょう》」のなかから民間社会と向き合う農政役人を引き上げるのは幕藩体制の必然的な要請でもあった。そしてそれは、引き上げられる側からすると、「士分化《しぶんか》」の一つのコースであった。

川崎平右衛門は、元禄七年（一六九四）に武蔵国多摩郡押立村で、北条家旧臣の由緒を持つ百姓家に生まれている。先祖の川崎隼人《はやと》は天正《てんしょう》一八年（一五九〇）、豊臣秀吉《とよとみひでよし》の小田原攻めの際、支城《しじょう》の一つ、伊豆国韮山《いずのくににらやま》城に籠城《ろうじょう》して戦死したため、遺族は武蔵国へ退転《たいてん》し、押立村に土着帰農したという。この当時、敗北した北条氏の旧臣が牢人《ろうにん》して土着し、村の草分《くさわけ》・由緒百姓として、新しい領主から本百 姓《ほんびやくしょう》として認められることが、関東の各地に見られた。『略伝』によると、「その家、農を業とし、代々名主役を勤め」とある。

平右衛門の名主役就任の年ははっきりしないが、若いころから荒地の開墾《かいこん》に手腕を発揮し、貧窮《ひんきゅう》農民の救済などの勧農活動を行い、周囲の信望を得ていたという。小金井原《こがねいはら》に栗林を仕立て――のち「拾ケ新田」――、毎年、「実《み》若干を幕府に献じ、残余は付近村民の扶食《ふじき》に充て」（『略伝』）、また「玉川通《どおり》押立地先《ちさき》」に竹林を栽植して治水の備えにしたという。

武蔵野新田《むさしのしんでん》は、そのころ御料代官上坂安左衛門《うえさかやすざえもん》が支配していたが、元文《げんぶん》三年（一七三八）に大凶作に見舞われ、人馬の餓死《がし》も出た。新田百姓として開墾に従事していた、他村出身の「出百姓《でびやくしょう》」はこの状況に耐えられず、耕作を棄てて、男女ともに町場の奉公《ほうこう》稼ぎや日雇《ひやとい》稼ぎに出はじめた。そのため新田には老人・子供が残された。開墾の事情を詰問された上坂安左衛門は、当時寺社奉 行《じしゃぶぎょう》であった大岡越前守忠相《おおおかえちぜんのかみただすけ》に相談した。

大岡は、救米《きゅうまい》・救金《きゅうきん》の施与《せよ》と、百姓代表を相談に加えることを助言した。その代表に選ばれたのが、川崎平右衛門であった。平右衛門は、新田百姓を村役人に案内させて一軒一軒調べ、彼らの生活状態を「仁・義・礼・智・信」の五段階に分け、救済策を練った。

こうした働きによって、平右衛門は元文四年（一七三九）二月、「銀十枚」の褒美《ほうび》を与えられ、「苗字帯刀《みょうじたいとう》」が許可された。

苗（名）字帯刀の許可は、この場合ほぼ郷士並《ごうしなみ》ということを意味する。ちなみに、並・格《かく》・列《れつ》というような境界的な呼称で、明確な「一格」でなくいわば「半格」上げることが近世身分制ではしばしば行われた。平右衛門には軍事的職務は期待されていない点で、武士が「役人」（官僚、吏僚《りりょう》）化した近世における「士分化」であった。

大岡忠相は、屋敷に平右衛門を呼び、「手代格《てだいかく》」として「新田場世話役」に任じ、下役《したやく》に府中町矢島藤助、押立村高木三郎兵衛の二人を命じることを告げた。平右衛門は「役料十人扶持《ぶち》」、二人の下役は「金十両二人扶持」が与えられることになった。この位置は、業務で見れば治者の側にあるが、身分は有力な百姓であり、役務によって村方を指図できるという境界的な存在である。

寺社奉行になる前、大岡忠相は江戸町奉行であったが（享保《きょうほう》二年・一七一七～元文元年・一七三六）、兼職のかたちで享保七年（一七二二）から関東地方《じかた》御用掛《ごようかかり》に任じられた。そして、従来の農政担当機関である勘定所《かんじょうしょ》と競合しながら、武蔵野新田を中心に関東各地で農政を展開した。大岡は、村方《むらかた》出身の地方巧者《じかたこうしゃ》を率いた。平右衛門は、この流れのなかで大岡に見出されたのである。大岡は、紀州から招いた野村時右衛門と小林平六に監督を命じ、名主川崎平右衛門の「請負《うけおい》」として武蔵野の新田開発を進めさせた。ところが野村と小林が不正の廉《かど》で罷免されたため、平右衛門がその役目を引継いで開発を成功させたという。

平右衛門は、事業資金として年に二五〇両を六年間支給することを公儀に求め、陣屋《じんや》を二か所に設けた。そこにそれぞれ下役を常駐させ、新田の復興と開発に取り組んだ。飢饉《ききん》の対策として雑穀の貯蔵を勧め、武蔵野新田（畑地）には、江戸の需要を当てにして売れる作物を栽培させた。水利についても、多摩川の治水に働き、また多摩・高麗《こま》・入間郡《いるまぐん》に五〇〇町歩の新田を開墾し、用水路の修復や堤への桜の植樹を指揮し、村方からの製薬と売薬を進めた。

平右衛門は、寛保《かんぽう》三年（一七四三）七月には関東のうちで三万石を支配する「支配勘定《しはいかんじょう》格《かく》」に挙げられ、「三十人扶持」を給されることになった。これは、大岡忠相から直接に指揮を受ける立場になったことを意味した。支配の範囲は橘樹《たちばな》・多摩・入間・新座《にいざ》の諸郡にわたり、実質の支配石高《こくだか》は五万五〇〇〇石《ごく》余に及んだ。二人の下役も地方巧者《じかたこうしゃ》と評され、押立村高木三郎兵衛は『高翁家録《こうおうかろく》』という事業記録を残している。

関東で実績を挙げた平右衛門は、他地域に農政官として送り込まれることになった。寛《かん》延《えん》三年（一七五〇）に、美濃国《みののくに》美濃郡代《ぐんだい》の支配下に入って本巣《もとす》郡本田陣屋《ぐんほんだじんや》に赴任している。この移動は公儀官僚としてのものだが、上部の構想に沿って働くだけの官僚ではない。平右衛門は、自主的な構想を持ち、実行できる農政家として期待されたのである。支配の範囲は、西美濃から木曽《きそ》・揖斐《いび》・長良《ながら》三川のデルタ・輪中《わじゅう》地帯の四万石に及び、そこで治水を主眼に働いた。飛驒《ひだ》・美濃両郡代の一時的な跡預りの役も勤めている。これらの実績が評価されて、宝暦《ほうりやく》四年（一七五四）に本田陣屋代官に抜擢され、「廩米《りんまい》百五十俵の世禄」（『略伝』）を給与されることになった。いっそう「身上り」が進んだのである。

長良川とその水系の水利事業には、輪中地帯の条件も加わって利害対立が激しかった。平右衛門は、村の感情を知悉《ちしつ》する利点を生かして対立の緩和をはかったり、水利技術を発案して問題解決に努めた。水害後の救済策も工夫し、花茣蓙《ござ》を特産物にするために他所から熟練した職人を招き、成果を出した。

宝暦七年（一七六七）には、出羽越後《でわえちご》の代官領五万石を、一年間近く臨時預りしている。もはや百姓出自を抜擢するのではなく、有能な代官の人事異動である。そしてこのことは、代官としての能力を持つ人材がなかなか得がたかった当時の実情をも物語っている。宝暦一二年（一七七二）には、石見銀山《いわみぎんざん》領代官に転任を命じられ、実子や甥も引連れて赴任した。実子の市之進は石見銀山大森代官となり、孫の平右衛門も代官になった。

こうして平右衛門は百姓から武士に上昇したが、子孫の代になると、川崎家そのものが武士家格に転化している。明和《めいわ》四年（一七六七）、さらに平右衛門は「勘定吟味役《かんじようぎんみやく》」に昇進し、同年五月には「布衣《ほい》」を許された。これは狩衣《かりぎぬ》（武家の礼服）のことで、将軍「御《お》目見《めみえ》」の身分である。ただし、そのころは平右衛門は死去の直前であり、一か月後の六月に、老衰で七四歳の生涯を終えた。この年の昇進昇格は、ねぎらいと褒賞であったのだろう。平右衛門の墓は、生地である押立村の龍光寺《りゅうこうじ》のほか、四谷《よつや》の長善寺《ちょうぜんじ》、大森《おおもり》の龍昌寺《りゅうしょうじ》の三ヵ所に設けられた。生前、新田開発のために働いた武州の各地では追慕供養が行われ、下役の高木三郎兵衛が常駐した関野新田陣屋《せきのしんでんじんや》、矢島藤助が常駐した武蔵国入間《いるま》郡《ぐん》鶴ケ《つるが》島村三角原陣屋《しまむらさんかくばらじんや》には、平右衛門を記念する石祠《せきし》が建てられた。その石祠に、寛政《かんせい》一〇年（一七九八）の二五回忌の際、「武蔵野御救《おすくい》氏神《うじがみ》川崎大明神」という神号が刻まれた。こうした死者の神格化は、近世では社会の上下で広く行われた信仰習俗であった。関東郡代《かんとうぐんだい》伊奈半左衛門《いなはんざえもん》と一緒に記念された謝恩塔も建てられ、美濃では、川崎家の太刀を埋めた上に墓石を建て、彼を助けた手代とともに祀られた。川崎平左衛門は、こうして百姓身分から武士身分になり、死後は人間界の身分を超えて神になった。

　平右衛門のような人物の士分化は、近世がなぜ長期にわたって続いたかという疑問への一つの解答である。この場合は身分上昇が身分制を動揺させるのではなく、身分制の体制に活力を与える結果をもたらしている。

痛烈な社会批判書であり為政者に対する渾身の献言書でもある、大冊の『民間省要《みんかんせいよう》』を残した川崎宿名主田中休愚《たなかきゅうぐ》（丘隅）も、その献言を契機に大岡忠相によって民間から「支配勘定格」に抜擢され、以後、大岡グループの一人として公儀農政に働いた人物である。

宿名主から晩年は御料代官へ昇進

田中休愚喜古《よしふさ》は、寛文《かんぶん》二年（一六六二）に生まれ、享保《きょうほう》一四年（一七二九）に没した近世人である。休愚も、武蔵国多摩郡の平沢村《ひらさわむら》で窪島《くぼしま》姓の百姓の子として生まれた。川崎平右衛門と似ているが、川崎家が北条氏旧臣筋の百姓であったのに対して、田中家は武田氏旧臣筋の百姓であった（深谷克己「田中丘隅」『講座・日本技術の社会史別巻1』日本評論社、一九八六年。前出、村上直『江戸幕府の代官群像』）。田中家は、主家滅亡による離郷・土着の典型的な由緒・草分百姓の事例である。

休愚が、農業のかたわら行商《ぎょうしょう》の形で絹物商いを営んだというのは、近世後半以降の小《こ》前《まえ》百姓の小《こ》商《あきな》い兼業とは大いに異なる。絹織物は、江戸時代の間に国産の勢いが伸張するが、一七世紀では長崎口へ輸入される唐物《からもの》であり、舶来品である。これを仕入れる流通経路と元手、村の世界で絹織物を購入して特別の折りに着用する階層を考えると、けっして棒手振《ぼてふ》りのような小商いとは思われない。およそ織物類は需要者の家々を廻って商い、勘定は盆暮れというのが近世の平均的な姿であり、そうしたなかで正札どおりの店頭販売をやったために江戸駿河町《するがちょう》の越後屋《えちごや》（三井高利《みついたかとし》）は評判になったのである。すなわち絹物を扱う窪島家は、なお先述した中嶋両以のような可能性を示しているのである。

休愚は、幼い時から神童と噂されたと伝えられ、兄とともに八王子滝山《はちおうじたきやま》の大善精舎《だいぜんしょうじゃ》で教養を身につけたという。休愚は、絹物商いのため上野国《こうづけのくに》ほか諸国へも足を伸ばし、武蔵国橘樹郡小向村《たちばなぐんこむかいむら》の田中源左衛門《たなかげんざえもん》宅にしばしば出入りした。当時の商業形態として、知り合いの家を定宿《じょうやど》にして、近辺に商いをしたのであろう。田中家も武田旧臣筋の百姓で、窪島家とは親しかったことが機縁になったらしい。

このことが休愚の人生を変えていく。休愚は、田中源左衛門に見込まれて、その妹の婿となり、同家で暮らすようになった。次男の立場がこのことを可能にしたのであろう。さらに休愚の人生は変わる。田中家の一族に川崎宿の本陣《ほんじん》・名主《なぬし》・問屋《といや》を兼ねる田中兵庫《ひょうご》がいたが、後継者がいなかった。兵庫は、源左衛門に休愚を養子に請い、宝永《ほうえい》元年（一七〇四）に休愚は川崎宿田中家に夫婦ともに移った。源左衛門の妹の婿であったことが幸いしたのであろう。

この時、休愚は二〇歳代であったとも四〇歳代であったとも、理解が一定しないが、それは見習い期間の長短の違いで認識を整合させることができる。このようにして、田中休愚は、川崎宿名主・問屋の両役を勤めることになった。正式に身分・家業として、川崎宿の最高管理者である名主・問屋役を継承したのは四〇歳代だったようで、五〇歳の時にはそれを譲っているから、役職にあったのは長くはない。しかし、後世に伝わる実績や逸話を残した。

川崎宿名主として、休愚は、品川宿・川崎宿の間を分ける六郷川（多摩川下流）の渡船権を川崎宿経営のものとし、年間数百両に及んだといわれる渡し賃を宿経営の資金に用立てた。家康の時代に架けられた橋は、一七世紀の八〇年代に洪水で破損した。その後、渡船は江戸町人や対岸の村が請負《うけお》ったりしたが、それを川崎宿の権利とし、交通量の増加で疲弊していた宿財政が立ち直ったという。将軍から物乞いにいたるあらゆる社会階層が行き来する宿場の経営の元締め役を勤めたことが休愚の社会認識と改革献言の基礎をつくったと思われる。

休愚は、川崎宿で役職勤務がそれほど長期に渡らないうちに、一八世紀初めの正徳《しょうとく》年間には儒学者荻生徂徠《おぎゅうそらい》に古文辞学《こぶんじがく》（中国の古典に関する復古的漢文学）を学び、江戸城奥坊主の成島道筑《なるしまどうちく》から経書《けいしょ》（儒教で重んじられる文献）・歴史を学んだ。出会いの契機はわからないが、休愚がこうした学問に本格的に触れたのは、当時の平均寿命とされた五〇歳を過ぎてからである。そうした知識と経験を踏まえて、享保六年（一七二一）、先述の『民間省要』を経世論《けいせいろん》（治政の方法）あるいは政道書《せいどうしょ》としてまとめた。すでに六〇歳になっており、これを師の成島道筑に献上した。

休愚は前年に西国三十三か所を廻っているから、各地の実情を見て自身の社会批評眼に刺激を得たことであろう。成島道筑は、この書の意義を確信し、将軍吉宗《よしむね》に献上した。『民間省要』は傲慢《ごうまん》な幕吏《ばくり》、儲《もう》けだけを追求する商人を鋭く暴き、過剰な新田開発の弊害を告発している。「環境公害」までふくむ「社会問題」が提起された早い事例とすることができよう。

川崎平右衛門のように民政実績を評価されて民間から抜擢されることはあっても、田中休愚のように、社会問題を告発した献言書を評価されて公儀民政に抜擢された者はいない。ただ休愚が「御普請御用《ごふしんごよう》」を命じられて「十人扶持《ぶち》」が給与されたのは、享保八年（一七二三）のことで、すでに六二歳になっている。この役務は村・宿役人としてのそれではない。知行《ちぎょう》の一形態としての「扶持《ふち》」が与えられている。身分制からいえば、休愚はここで「士分化」の途に入ったのである。このころ、ようやく本格的に「民政」の重要さを認識し始めた公儀は、在地と接するところで自覚的に働く農政官僚に不足していた。

休愚は、武蔵国の荒川《あらかわ》（大里・埼玉郡域）の防水普請を命じられ、続いて多摩川の改修普請、二カ領用水（稲毛《いなげ》・川崎）普請を命じられた。その次に休愚が取りかかった工事は、相模《さがみ》の酒匂川《さかわがわ》治水である。享保一一年（一七二六）のことで、すでに休愚は六五歳になっている。酒匂川は急流で、洪水溢水《いっすい》が頻繁に起こる川であった。そのうえ、宝永五年（一七〇八）には、富士山噴火の多量の降灰で、水流が変わり、堤防が破壊され、農家多数が押し流された。対策を命じられた大岡忠相は、公儀普請に休愚を採用した。

この補修普請を進めるために、休愚は相模国足柄上郡《あしがらかみぐん》の斑目村《まだらめむら》を足場にした。そこで補修方法を工夫し、俵に石を詰め弁慶俵《べんけいだわら》を作り、蛇篭にして堤防に並べた。そして、僧侶を呼び集め、土俵一俵ごとに陀羅尼経《だらにきょう》一巻を読経《どきょう》させて土固めの効果をあげるようにした（永原慶二『富士山宝永大爆発』集英社、二〇〇二年）。この堤は、のちにダラニ堤とか法華堤《ほっけつつみ》とか呼ばれるようになった。堤の上には、禹王《うおう》（治水に功績のあった中国古代の伝説上の天子）の廟を建てた。廟を「文命《ぶんめい》」と名付けたので、堤を「文命堤《ぶんめいづつみ》」と呼ぶようになった。

この功績で、休愚は「支配勘定格《しはいかんじょうかく》」に上げられ、三十人扶持と役料・手代給が与えられるようになった。そして、武州多摩郡・埼玉郡の内で三万石を支配し、大岡忠相配下の地方役人になった。これは御料（幕領・天領）代官にほかならない。ただし、御料代官の地位にあったのは六八歳の時の半年間くらいで、任命された享保一四年（一七二九）に急死のように没した。

休愚の子、休蔵喜乗《よしのり》も享保一五年（一七三〇）に支配勘定格となり、元文《げんぶん》四年（一七三九）には御料代官に進んだ。孫の三次郎喜道《よしみち》も寛延《かんえん》二年（一七四九）に代官を命じられた。田中家は、ついに家そのものが将軍直属の幕臣になったのである。

士分化の約束を褒美にした公儀一揆禁令

個々の才能ある村役人を、武士身分に引き上げて公儀の側の地方巧者に編制するということのほかに、公儀は、士分化を褒賞の撒き餌にして、村社会の政治的抵抗力を削ぎ、秩序を維持しようとした。ここでの政治的抵抗力とは、百姓一揆である。

近世の百姓一揆は、よく観察すれば「反封建」ではなく、自己規制の働いた――武器使用を慎むことを中心として殺人・陵辱行為を行わず、ごく少数の逸脱を除いて放火・略奪行為を避ける――、「仁政要求」の訴訟運動を中核にするものであった。そうした百姓一揆の共通の運動様式を「作法」という用語で呼んでいる（保坂智『百姓一揆の作法』吉川弘文館、二〇〇二年）。ただし、近世国家の禁制《きんせい》原則からみれば、打ちこわしも併発させることのある徒党・強訴《ごうそ》・逃散《ちょうさん》は違法な行動であった。近世領主は、一揆の要求に理を認めながらも行為を拒否し、支配の修正・是正を行いながらも、発頭人《ほっとうにん》を特定し、処罰・処刑して支配の威力を維持しようとした。

起こるかもしれない百姓一揆は、近世政治を常に悪政逸脱から牽制《けんせい》する力になった（深谷克己「近世政治と百姓目安」、岩田浩太郎編『民衆運動史2』青木書店、一九九九年）。しかし、一揆が作法をもっていたということは、けっして穏やかなものであったということではない。一つ一つの一揆の計画には、みずからを犠牲に供する覚悟を決めた発頭人らがいるのがふつうであった。近世の一揆には、時勢を反映する激化の時期があり、また一八世紀の中葉あたりから強訴・打ちこわしの組み合わさったものがふえた。それは領主との対立だけでなく、民間社会の成熟にともなって、内部の対立矛盾が先鋭化したことの反映であった。そうした流れを封じ込めるために、公儀は村社会に潜在する士分化の願望を利用しようとしたのである。兵農分離の体制では、村々が一揆へ向かって次第に人気《じんき》を高ぶらせていく社会的空気を、外部からはなかなかとらえにくかったからである。

明和《めいわ》七年（一七七〇）、公儀は一揆禁令を発した。一揆や一味神水《じんすい》（徒党形成）禁令は、幕藩ともにこれ以前から出されているが、この公儀一揆禁令は、高札《こうさつ》の形で徒党・強訴・逃散を禁じ、訴人を奨励したものとして、江戸時代の一揆史のうえでも画期的なものであった（「百姓一揆禁令年表」『百姓一揆事典』民衆社、二〇〇四年）。この禁令は、社会のなかにある「身上り」願望をすくいとることによって効果をあげようとするものであった。そのことを理解するために、禁令の全文を紹介する。

定

何事によらす、よろしからさる事に百姓大勢申合せ候をととうととなへ、ととうして、しゐてねかひ事くハたつるをこうそといひ、あるひハ申あハせ、村方たちのき候をてうさんと申、前々より御法度に候条、右類の儀これあらは、居むら他村にかきらす、早々其筋の役所え申出へし、御ほうひとして、

ととうの訴人　銀百枚

こうその訴人　同断

てうさんの訴人　相談

右之通り下され、その品ニより帯刀苗字も御免あるへき間、たとへ一旦同類になるとも、発言いたし候もの、名まへ申出におゐてハ、その科をゆるされ、御ほうひ下さるへし。

一、右類訴人いたすものもなく、村騒立候節、村内のものを差押へ、ととうにくわゝらせす、一人もさしいたさゝる村方これあらハ、村役人にても、百姓にても、重にとりしつめ候ものハ御ほうひ銀下され、帯刀苗字御免、さしつゝきしつめ候ものとも、これあらハ御ほうひ下しおかるへき者也。

明和七年四月　　　　奉行

右之通、御料は御代官、私領は領主・地頭より村々え相触、高札相建有之村方は、

高札ニ認、相建可申候、

四月

右之通可被相触

（『御触書天明集成』三〇一九号）

高札は、民間の庶民に対して公開される触書《ふれがき》であり、村役人を媒介にして読み聞かせるものとは異なる。自分で読めなくても、関心は高まるのが当然で、一八世紀の初め正徳年間に建てられたものが建て替えになる場合もあるが、それ以後の新規の高札に対しては、より気がかりとなり物見高くなる。読めなければ知りたくなり、読んでもらったり教えてもらったりするはずである。

この高札の趣旨によって士分化を達成した百姓あるいは村役人はわかっていないが、一揆後に自村の参加を押し止めたとして誉められたり賞金をもらうことは知られているから、村役人でも一般の百姓でも、「帯刀苗字御免」にするという行賞宣言を偽りとは思わなかったであろう。

このように「身上り」は、身分制度を維持したい側の権力者が、そのためにこそ思いつく方法でもあったのである。

近世女性の立身

「王家の再生産」を支える「お袋様の権力」

近世の身分制が、一つの物差しから成り立っていないことは、先に述べた。治被治・良賤《りょうせん》諸身分をすべて覆って最も広範囲に貫いているのが、ジェンダー（男女、性差）身分制であった。ジェンダー身分制は、男女性差だけでなく、厄介《やっかい》・居候《いそうろう》・奉公人《ほうこうにん》徒弟《とてい》などもふくめた家族内の身分関係も加えようとすれば、家族（ジェンダー・親子隠居《いんきょ》兄弟姉妹厄介・奉公人徒弟）身分制として考察すべきものかもしれない。ともあれ、本書は、近世身分制は、諸身分制の分節的総体であるという理解に立つ。

ジェンダー身分制は、治者の世界にも、公民非公民世界にも、男女が暮らす社会には必ず顕現する。近世史では、「家維持」と結びついた「男尊女卑」習俗が強調されてきている。その認識はまちがっていないが、本書で取りあげるのは、近世的な性差社会において、時に穏やかに、時に熾烈《しれつ》に「身上り」願望の力が働き、それが幕藩体制に持続力を与えてきた側面である。ただ、ジェンダー身分制では、ほかの身分制とはちがって、女性という属性は持続したままでの上昇が目指される。

その全領域を観察することが望ましいが、本書では、治者世界のジェンダー身分制の一端を垣間見る形で紹介したい。幕藩体制を政治的に持続させるためには、女性の力が必要であった。嫡男直系の家慣行が浸透した近世社会では、女性は属する身分の上下にかかわらず、奥向《おくむき》・奥方《おくがた》・内室《ないしつ》・内儀《ないぎ》の管轄者として、家事育児経営の面で力を発揮することを期待あるいは義務づけられた。小家族で暮らす身分では自分自身が家事育児の練達者であることを求められ、使用人がそれらを行う上層の身分であれば巧みにかれらを指揮指示して切り盛りする能力が求められた。

将軍の正夫人が、「御台所《みだいどころ》」（「御台」）と公称されたのは、女性として求められる立場と能力の表現としては核心をついており、商家の妻を「御内儀《ごないぎ》」と呼んだのと変わらない。「御台様」「奥様」と身分制にしたがって敬うほどに、かえって女性の役割は大写しになる。

だが「家の持続」のためには、女性が日常の奥向を管理するだけでは足らないものがあった。それは、後継者を確保することである。女性のだれかが産まなければならない。上層の身分では、別の女性が授乳しなければならない。出産・授乳の二つを合わせた生殖能力を「家の内部」に確保しなければならない。家の持続のためには、原則（最優先）として、一人前に育つ男子を得なければならない。このことがいかにむつかしいことであったかは、近世日本の家の最高の代表というべき天皇家や将軍家を見ればわかる。近世天皇家は一八世紀後半に断絶の危機に直面し、天皇の子でない者を天皇に撰んだ（光格《こうかく》天皇）。徳川氏将軍家はいわば三王朝の観を呈している（初代家康《いえやす》直系、八代吉宗《よしむね》以後御三家《ごさんけ》紀州系、水戸徳川家子息の一五代慶喜《よしのぶ》）。

　大名家を見ても、藩祖直系の血縁で存続した家は、むしろ少ないといってよい。ただ、直系が不可能な場合は、日本には上下を問わず養子・隠居の慣行が認められている。実子がなくても家維持は可能な社会で、極端な場合は夫婦とも養子という継ぎ方も社会的に許されている。大名家では、しばしば養子の後継者がおり、そのなかからかえって明君が出現することがあった。米沢藩上杉鷹山《よねざわはんうえすぎようざん》、白河藩松平定信《しらかわはんまつだいらさだのぶ》などがそうで、農家商家でもそうした事例にことかかない。先に紹介した川崎宿名主田中休愚《かわさきじゆくなぬしたなかきゆうぐ》も夫婦養子である。

　それでも、実子優先であったことはまちがいない。上下を問わず、「御家騒動《おいえそうどう》」の因子を抱え込みたくない。後継者を養子に決めておいて後に実子がうまれたために、緊張や騒動を生み出すことも数多くあった。地侍《じざむらい》から城代《じようだい》への立身《りつしん》で先に紹介した津藩《つはん》もそういう藩である。大名藤堂氏《とうどうし》の初代高虎《たかとら》は、丹羽長秀《にわながひで》の子高吉《たかよし》が羽柴秀長《はしばひでなが》の養子になっていたのを、秀吉《ひでよし》の命で自分の養嗣子にもらい受けた。朝鮮へも関ヶ原《せきがはら》へも従軍し、力戦して内外ともに高虎後継と目されていたが、高虎に四四歳の時、実子高次《たかつぐ》が生まれた。高虎は高吉を遠ざけはじめ、ついに実子高次を二代藩主にした。高吉は伊賀名張《いがなばり》に二万石を給されて高次に臣従したが、この名張藤堂家は、享保《きょうほう》二〇年（一七三五）に独立大名化を企てたとして本家から処罰されている（名張騒動）。

こうした事情の細かな違いはあるが、幕藩体制が根本において「君主制」の組織であるかぎり、支配者は「王家の再生産」を工夫、維持しなければならなかった。当初から娘への婿養子を前提に相続を考える家はない。子供はふつう男女複数となり、家組織の内部で相続競争に立たされ、家内部で競争があり、最も可能性の高い実子が「世子《せいし》」の位置を獲得する。生母が同じでも、兄と弟として出生すれば、兄の傅《めのと》（男）・乳母《めのと》（女）・学友、弟の傅・乳母・学友という別集団が設けられ、そこに競争が生まれる。そして、「王家の再生産」のためには、出産・養育の制度や施設が必要となる。近世日本では、将軍の大奥《おおおく》がよく知られているが、大名家には大なり小なりこうした仕組みがあり、莫大な経費を必要とした。

こうした事情が、女性の身上《みあが》りを各所で実現させた。将軍大名家だけでなく、上級武士の家では似た事情にあった。もちろん、すべての女性が婚姻や奉公で身上りしたのではないし、そういう考え方のみがあったのでもない。先に、池田光政《いけだみつまさ》の娘の前途を紹介したが、五摂家《ごせっけ》級の公卿と結婚した娘もおり、光政の家臣と結婚した娘もいた。光政も必ずしも大身の者に縁付くことを絶対的とは考えなかった。

しかし、趨勢《すうせい》としては、同じ家格（家柄・家筋）かそれ以上の家、ないしは富裕さで同等か優る家筋への入嫁を望んだのであった。その意味で、婚姻には全般に女性の身上り願望が籠められていた。そのことは多くの女性の願望でもあったといえるが、それを超えた親兄弟姉妹・親戚集団の願望（期待圧力）でもある。

ところで「王家の再生産」には、由緒ある家から迎えた正夫人が世子を儲け、育て上げることが望ましいが、それがむつかしいゆえに、正夫人（正室）へ仕える女中（侍女）や評判の家から側室として選ばれる。また乳児の時に母乳を与える乳母も同じような役割を果たす。なかでも生母の位置を得れば、「御家」の相続者の判断に関与することになる。

「奥《おく》」（家政）と「表《おもて》」（政事）は別、という認識は江戸時代のあいだに政治文化として十分にいきわたった。しかし「君主」という個人人格が政治の最高決定力をもつ「君主制」の政治制度であったから、「王家の家政」と「王の政治」には弁別がむつかしい境界領域があった。この境界領域のところに、「大奥の人事権」や「お袋様の権力」が成立しえたのである。

そして「王」が男性である以上、そこへの継承者確保のための女性推奨は、おのずから、しかるべき「教養」と「眉目《みめ》」に恵まれた女性を基準とするようになる。「眉目」よい娘を持った親たちは、おのずから娘による自家の開運を願う気持ちになったのである。生母となり、さらに我が子が大名の相続者になれば、当の女性の身分上昇――いわゆる「玉の輿」――だけでなく、その父母や兄弟の「身上り」にもつながる。「お袋様」として世子、主君の上に存在する者の血縁者が微賤の地位のままであることは、身分制社会の体裁としてゆるされないからである。

そしてこうした女性の身分上昇――正確にいえば、女性は「身分階層」に属する存在というべきで「身分保持者」ではないが――は、幕藩体制を劣化させるのではなく、それを持続させる側の事象である。ちょうど百姓身分から代官を抜擢するのに似た事柄であるが、何事においても量が増せば質を変えてしまうように、大奥勢力が幕閣人事に介入することで公儀を揺さぶったり、寵姫《ちょうき》縁戚者が権力をふるったりすることが、習弊《しゅうへい》のようにいくども現れた。本書では、そうした習弊の事例ではなく、直接に女性が幕藩体制の成立や持続を支えたほうの「身上り」事例を紹介しよう。

江戸時代は、戦国争乱を経て誕生した武家権力の時代であり、乱から治へ転回して惣無事《そうぶじ》の社会を生み出したが、成立の経緯を受けて男性の力が優越した。武士は「戦士」から「役人」へ、すなわち官僚化吏僚化していったが、腰に身分標識の大小《だいしょう》を帯び、政治ジェンダー（男性性）を濃厚に帯びたまま明治維新を迎える。

八戸藩女性大名清心尼

だが「王家の再生産」の一半を生母が担う以上、そこに「お袋様の権力」が発生するのは不可避であり、家事と政事の境界が「王家」の公私において混雑することは必然ともいえた。近世女性が治者世界で「政事」の権力者――「小家族内の従位権力分有者」（妻・女房・内儀）としては農工商身分においても常態化し、この点に近世女性の総体としての「身上り」の達成があったのだが――として現れるのは、この公私混雑においてであり、やがて江戸城大奥のように、境界の混雑以上に構造化されさえした。

徳川家が将軍職に就任してからの、大坂豊臣家における秀吉遺児秀頼《ひでより》の生母淀殿《よどどの》の言行と対内対外関係における強さは、「お袋様の権力」の最も代表的なものである。

淀殿は、最期まで「お袋様」で終わったが、江戸時代初め、大名家の血筋であることと「後家」であることの二つの条件を身に帯びて、「中継」の役割で「大名」に「身上り」した女性が出た。大名夫人が大名になることは身分の「階層」としては上昇ではないが、正式の身分保持者とその家族では違う。一般に身分が家職《かしょく》家業の編制と結合していることからすれば、江戸時代では、生業を家単位で代表する夫の妻・女房であることはあっても、妻・女房は身分保持者そのものではない。男でも、当主でない倅《せがれ》、先の当主であった隠居も同じで、身分の保持者ではない。

ただし「後家」という立場の女性が中継的に家を代表することは、身分の上下を問わず社会的（慣習的）に承認されていた。村社会でも、ほとんどの村に一割か二割、夫（当主）を欠く家があった。領主に請負《うけおい》の形で提出する公文書には家の代表が署名捺印しなければならないが、後家の立場で署名捺印したものが数多く残されている。後家は、完全な家主の立場ではない。「誰々後家」と死んだ夫の名前と組み合わさって、家族筆頭になった。そして、中継と見なされたから、家財を娘に譲ることはない。実質的に娘に譲る場合も、婿養子を迎えることと組み合わされているから、当主になるのは婿養子であって、夫婦の力関係はともあれ、形は婿養子になった男子に譲ることになる。

こうした時代環境のなかで、ここに紹介するのは、個人として大名へ「身上り」したことが確認される希有な女性である。

八戸南部氏《はちのへなんぶし》の清心尼《せいしんに》は、武家の最高位である大名領主という特別の地位になったが、大きく見れば、村でも町でも見られた「後家」の立場に通じる「身上り」である。後家の立場は、次代への家継承という課題のなかでの身分相続であるかぎり、母親であることを条件にしている。清心尼の力も、大名という近世の「王家」の再生産を保証するための「お袋様の権力」の一つの形であることでは変わらない。

このような「身上り」を望んだのは、清心尼本人ではなく、それぞれの思惑を持った周囲であり、本人にとってはむしろ圧力として受けとめられる強制であった。圧力である限り、事情によっては上昇もあれば下降もある。「王家の再生産」という課題の前で、女性は「身上り」の幸運をたどる者もいたが、身分的下降、いわゆる「降嫁《こうか》」を経験する者もいた。先に、池田光政が自分の子女の婚姻相手として必ずしも大身を望まずと述べていたことは紹介した。それは男親の娘への思いやりにはちがいないが、社会的には、大名の娘が家臣の妻になるのは身分的下降にほかならない。こうした事情は男でも同じであり、小藩から大藩の、高家《こうけ》・旗本家《はたもとけ》から大名家の婿養子に入る「身上り」的な途もあったが、家臣になったり、家臣の婿養子になったり、小身の家に養子に入ったりする身分的下降も少なくなかったのである。

近世初頭の歴史に女性大名という歴史を刻んだ清心尼（玉顔春公《ぎょくがんしゅんこう》）は、他と競ってそういう地位を得たのではなく、戦国の政略結婚のような力関係のなかで、第二一代の八戸南部氏の当主として押し出され、それが家系図でも代数に明記され、したがって大名の身分として認識されるということである（柳谷慶子「近世初頭の女性領主―八戸南部氏清心尼の家相続―」、モリス他編『近世社会と知行制』思文閣出版、一九九九年）。

八戸二万石南部氏は、第二一代「当主」を女性の清心尼に決定し、慶長《けいちょう》一九年（一六一四）に清心尼が名跡《みょうせき》を継いだ。夫直政《なおまさ》が死亡して「後家」「清心尼」となった直後に、男児（久松）が早世し、幼女だけが残された。男児の幼児を大名にすることはままあり、先の池田光政も八歳で大名になり、従兄弟の光仲は三歳で大名になっている。しかし、幼女を大名にすることはなかった。

この時、清心尼は二九歳だったが、六年後の元和《げんな》六年（一六二〇）に南部氏分家から一九歳の直義《なおよし》を養子に迎えて、娘の二女千代子（子子子《ねねね》）に娶《めあわ》せ、第二二代当主とした。それより七年後の寛永《かんえい》四年（一六二七）に、八戸南部氏は遠野《とうの》へ移封《いふう》を命じられ、以後は遠野南部氏となる。

第二一代「領主」としての清心尼は、夫の死後から、遠野南部弥六郎直義を婿養子に迎えるまでの六年間である。それは清心尼が当主家の血筋を引くという由緒と、婿養子によって後継させるという清心尼の希望にそって、南部氏本家の利直《としなお》が承認したからであるとされる。清心尼はみずからの「身上り」ではなく、八戸南部家を持続させるということについて強い望みを表明した。その結果が、清心尼自身の中継ぎ的領主相続になったのである。

清心尼の相続直後、大坂の陣が勃発した。彼女は命じて、家臣を本家の盛岡南部氏の軍勢に参加させた。もとは両家の南部氏は主従ではなく嫡庶の関係だったが、豊臣秀吉の命によって、遠野南部氏は盛岡南部氏の「付庸《ふよう》」（従属）とされていた。

ところで八戸南部氏は、寛永四年（一六二七）に遠野一万石に移封された。すでに当主は婿に迎えた直義になっているが、直義は本家の盛岡に詰め、本藩《ほんぱん》の政務に専念することが続いた。そこで八戸南部氏時代の六年間の大名時代と、遠野移封後の隠居時代にわたって、政事は清心尼によって主導された。『遠野市史』第二巻によると、伝承的なものというとわりはあるが、清心尼の治政に関するエピソードが地元でいくつか好意的に語り伝えられている。

清心尼が創始したという城内年中行事に、「片角様《かたつのさま》のお叱り」と呼ばれるものがある。これは、法華経《ほけきょう》守護の使い姫天龍が、天竺《てんじく》に帰る時に、自分の角を一本（片角）、遠野南部家に形見に残したという言い伝えを生かした政事的行事である。この片角を、毎年正月七日に城内で、御開帳《ごかいちょう》祭りとして上下の諸士《しょし》のすべてに拝観させる。そして役務の上での悪政失政・不道徳を公然と叱りつけ謝らせる。当人に謝らせるというところまでが儀式の内容であった。もっとも片角は物をいわないから、神懸《かみがか》りした者が叱正役を代行する。

内容はあらかじめの調査によってまとめられているのであろう。この儀式は、綱紀《こうき》・風俗の点検に大いに有効であったといわれる。

また、民俗の一つである「篦《へら》持ち」慣行――飯をよそう木器を管理することで主婦の立場の証とする――を制度化して、家事における妻の主婦権の位置を高めようとしたともいわれる。清心尼は、武家家族に対してこのことを勧めたが、やがて民間に影響を与えた。これが一夫一婦の風を強め、蓄妾の少なさもあって、「遠野は嬶天下《かかあでんか》」という噂が外部に広がったという。

清心尼はまた、面接する家臣との疑惑を招かないために、正月訪れる年男も年女に変え、家臣が役務で報告にくる時は、二人以上を同時に面接することにしていた。このため密室政治と秘密漏洩の両方を防ぐことができ、後世の模範とされたという。清心尼の呼称は外部が与えた通称で、彼女は正保《しょうほう》元年（一六四四）に五九歳で死去した。

清心尼は、一夫一婦の家族を普及させるうえで功績があったが、特別に女性保護者だったのではない。密通事件で捕えた女性を磔《はりつけ》の刑に処している。「篦持ち」慣行を制度化することは、男女の分業意識を強めていく過程であって、いわばジェンダー身分制を確立していくことにほかならないのだが、その構造のなかでの女性の占める社会的位置を安定的なものにするという意義があったのである。

清心尼の領主家相続は、兵農分離《へいのうぶんり》時代の変動期のなかでだけありえた事象であった、その後は、遠野南部氏で後家に婿を迎えることは行われたが、女性領主という選択はなかった。これ以後、近世の女性大名は知られていない。

鳥取藩桂香院の江戸藩邸支配

「お袋様の権力」は女性の子を産む力が根源だが、さらにまた、当の女性の出身、すなわち実家の威勢にも大きく左右されるところがあった。鳥取藩桂香院《けいこういん》の権力は、その要素のほうが大きい（『鳥取県史　第4巻　近世社会経済』）。ただし、桂香院が実家の傀儡《かいらい》だったという意味ではない。みずからの力を発揮するうえで実家の力を大いに活用し、実家の力がなければ本人の力も発揮できなかったということである。

鳥取藩主の婚姻関係では、御三家である紀州和歌山藩の徳川家ときわめて緊密であった。明治維新《めいじいしん》まで城地を動かない鳥取藩の初代は池田光仲《みつなか》であるが、その夫人となった茶々姫《ちゃちゃひめ》（芳心院《ほうしんいん》）は、和歌山藩徳川家から入った。四代藩主宗泰《むねやす》にも、和歌山藩から久姫《ひさひめ》（桂香院）が嫁し、六代治道《はるみち》の継室（後妻）にも和歌山藩から丞姫《じょうひめ》（転心院《てんしんいん》）が嫁した。五代藩主重寛《しげのぶ》（桂香院実子）も、和歌山藩の琴姫《ことひめ》と婚約していたが、琴姫の急死で実現しなかった。鳥取藩池田家にとって、紀州徳川家は何重もの閨閥《けいばつ》関係にあった。

夫よりも長命である場合に、一般に正室側室は亡夫の菩提を弔う立場におかれて歴史の後景に去るが、後継者の選択が目前の課題である場合や、後見者を必要とする幼君の場合は、「お袋様」としての女性の影響力が一段と強く発揮される場合がある。紀州徳川家から鳥取池田家に正室として入った三人は、芳心院が一八年間、桂香院が五三年間、転心院は二八年間、夫よりも長生きした。それぞれ、江戸の鳥取藩邸に長期間住み、「太夫人《たいふじん》」として、あるいは「お袋様」として影響力を及ぼした。

影響力はとくに、「王家の再生産」に直接かかわる後継者の選択について発揮される。芳心院は、三代藩主を決定する過程で、複数の候補者がいたなかで、自分の孫にあたる幼少の吉泰《よしやす》が相続する方向へ自分の意思を反映させたといわれる。また自分の生涯の居所である江戸藩邸において、藩主が国許《くにもと》に帰国している間、公儀や大名諸家への交際について影響力を発揮したとされる。

半世紀にわたって寡居《かきょ》の暮らしを続けた桂香院の場合は、影響力はさらに強いものがあり、藩主家の「家政」をこえて領内の「藩政」に及んだ。桂香院の力は五代藩主擁立によって確立したが、それは藩主確立が反対派との闘争に勝つことを意味するからである。夫の四代藩主宗泰は三二歳で没し、二歳の世子勝五郎を残した。この時、重臣らは、支藩《しはん》（西館《にしだて》）から人を入れ藩主とすることを公儀へ出願した。これに対して桂香院は、実家の紀州徳川家の力も借りて、実子の勝五郎を五代藩主に立てることに成功した。藩の先例として、初代光仲が幼少三歳で大名になったことも幸いした――ただし光仲は幼少のために岡山から鳥取へ国替えを命じられたが――。

藩主擁立に際しての勝者というほかに、五代重寛・六代治道・七代斉邦《なりくに》といずれも幼少で相続した藩主だったから、四代夫人の指導力はおのずから強いものになった。ことに実子重寛幼少の期間は、その力は大きかった。それが藩政の人事にも及ぶものであった例は、宝暦《ほうりゃく》四年（一七五四）の江戸詰筆頭家老《えどづめひっとうがろう》荒尾志摩《しま》の罷免である。前年に桂香院の父である紀州徳川宗直《むねなお》が荒尾志摩の行状問題を挙げて、もう一つの鳥取支藩である東館《ひがしだて》当主に荒尾の帰国・逼塞《ひっそく》を指示したが、それは桂香院が実家の父親を動かしたものとされる。それにつづいて、江戸藩邸諸役人の粛正《しゅくせい》的な罷免が断行された。これも、桂香院が実家を動かした圧力の結果であった。

この人事粛正の後、桂香院は江戸藩邸の家臣に対して「御家中え被仰出趣」四ヵ条を発し、そのなかで「幼君」の時期の心得として「諸事省略」の節約令を訓諭《くんゆ》した。これは、すでに家政の域を出て藩政の域に及んでいるが、ここにあるのは「お袋様の権力」の延長である。桂香院は、『鳥取藩史夫人傳』によれば、江戸藩邸の内外政事に「夫人の力多きに居る故に、当時これを尼将軍に比するに至れり」と、源頼朝《みなもとのよりとも》の妻北条政子《ほうじょうまさこ》の夫死後の権勢に比して、勢威の強さを記している。紀州家から付き添ってきた男女の付け人たちには、常に「紀州風吹《かぜふか》すな」と戒めたといわれる。この逸話は、江戸藩邸内に、紀州勢力を嫌う空気が根強かったことを物語るものでもある。このころ、ちょうど江戸の公儀においても八代吉宗が国許から率いてきた臣下が幕臣として勢力を伸ばしつつあり、紀州徳川家はたんなる「御三家」を超えた力を発揮していた。そうした力が桂香院を背後から支え、桂香院も、その里方の力を大いに活用したのである。

桂香院は、家臣に文学を奨励したことでも知られている。先の家中訓諭のなかで、「文学武芸稽古之儀ハ忠義第一」と、藩主が「御幼君様」であることと結びつけて奨励した。宝暦七年（一七五七）に鳥取藩の藩校尚徳館《しょうとくかん》が創設されたが、「蓋《けだ》し夫人の意に出でしなるべし」とされ、桂香院の意向であったことがうかがわれる。

将軍乳母の力

通称お福《ふく》（天正七年・一五七九〜寛永二〇年・一六四三）、官職名春日局《かすがのつぼね》は、三代将軍家光《いえみつ》の乳母《めのと》として、徳川将軍家の「王家の再生産」の争闘の坩堝《るつぼ》のなかで大きな影響力を発揮し、勝者の側に立った女性としてよく知られている。お福は、破竹の勢いの織田信長《おだのぶなが》を倒した明智光秀《あけちみつひで》の重臣（家老）であった斎藤利三《さいとうとしみつ》と、稲葉《いなば》通明《みちあき》の娘おあんとの間に生まれた。斎藤利三は光秀の本能寺《ほんのうじ》襲撃に加わって、山崎合戦で自刃（斬首《ざんしゅ》・磔刑《たつけい》とも）した。そのため、お福は母方の一族である稲葉重道《しげみち》の養女になり、重道の養子正成《まさしげ》に嫁し（後妻）、正勝《まさかつ》・正定《まさただ》・岩松・正利《まさとし》の四男を産んだ。

夫の稲葉正成は、小早川秀秋《こばやかわひであき》に仕え、関ヶ原の戦いでは軍功をあげた。しかし、牢人となったため、一家は辛酸の生活を体験し、徳川家光が誕生した慶長《けいちょう》九年（一六〇四）お福はその乳母になるため江戸に赴き、夫とは離別した。

よく知られている話だが、家光よりも、次男忠長《ただなが》を可愛がり、二代将軍秀忠《ひでただ》と「御台所」浅井氏《あさいし》（お江与《えよ》、崇源院《すうげんいん》）は長男を疎んじ、世継の座が弟に移る空気になったといわれる。これを憂慮したお福は元和《げんな》元年（一六一五）、伊勢参宮を口実に江戸を抜けて駿府《すんぷ》に赴き、大御《おお》所《ご》家康に直訴《じきそ》、家康の計らいで家光の世継としての位置が確立した。それは将軍個人の意思よりも大御所、先将軍あるいは親権が優位していることと、嫡男継承が秩序保持に効果があるとする考えが強まっていることを示している。

元和九年（一六二三）に家光が将軍職を嗣ぐと、授乳・養育・将軍擁立に功を立てたお福は、それを多とした家光の後ろ盾も働いて、大きな勢威を持つことになった。寛永《かんえい》三年（一六二六）に浅井氏お江与の方が没すると、権勢はさらに増した。

お福は、同じ地位では前後にないことだが、公儀《こうぎ》政治の表面での役割も担った。朝幕関係の融和のための任務である。この場合も、落ちつかない言い方だが、「奥の世界の表面性」である。朝幕確執の代表的事件として知られる紫衣《しえ》事件が寛永六年（一六二六）に起こった。公儀はその打開をはかるため、大御所秀忠の内意を受けてお福を上洛させた。お福は、身分的には将軍の侍女にすぎない。

そこで、当時の武家伝奏《ぶけてんそう》であった三条西実条《さんじょうにしさねえだ》の妹（猶妹《ゆうまい》）という養女縁組を結んで、秀忠の娘である中宮和子《まさこ》（東福門院《とうふくもんいん》）に伺候した。その縁筋から天皇拝謁を実現させ、後《ご》水尾《みずのお》天皇から天盃を授けられ、「春日」という局号（官職）と緋袴《ひばかま》を下賜されたのである。付言すれば、身分の上昇・飛躍は上下を問わず、こうした養子縁組で出身家格を上げておいて行われた。身分上昇において養子縁組は必要でかつ便利な回路であった。天下人豊臣秀吉も近衛前久《このえさきひさ》の「猶子」（養子）という手順を経て昇進した。田中休愚のような百姓が幕臣になる場合も、この回路がつかわれた。女性の身上りでは、しばしば誰かの養女という形で家格を平衡させてから婚姻関係に進むという方法がとられた。

ところでお福の公家猶妹策は、強引さの印象を与えたためか、参内に対して朝廷側は反発、公家衆は「希代《きたい》の儀」と評し、直後に後水尾天皇は興子内親王《おきこないしんのう》（明正天皇《めいしょう》）に譲位した。この役割は、やはり「王家の再生産」の領域の問題であると理解すべきであろう。それゆえに女性の口利きが許されたのであろう。

具体的な内容はうかがえないが、春日局は大奥の制度を調え、掟を制度化したという。「王家の再生産」のための新しい組織体を作る上では、将軍世子乳母としての指導権が当然発揮されたであろう。すでに、家光生母であり御台所の位置にあったお江与の勢威は、相続の経緯から立場を弱めていた。大奥のその後の独立性は、この事情から出発している。

お福は表に対しても発言力があったといわれるが、老中《ろうじゅう》堀田《ほった》正盛《まさもり》や松平信綱《まつだいらのぶつな》らは、家光の学友として家光の周囲で年少のころから育った。そのためにお福から受けた影響とは、「乳母」または「お袋様」的な性格の力であり、これもまた「王家の再生産」のための諸力に入るものである。

男女を問わないが、女性の場合にことさらに印象が強くなるのは、縁者が釣られるように立身することである。お福で見ると、離縁した前夫の稲葉正成は二万石の大名になった。また兄の斎藤宗利《むねとし》と斎藤三存《みつあり》は、将軍直参《じきさん》の旗本に取り立てられた。前夫正成との間に生まれた娘の夫（女婿）堀田正吉《まさよし》も、旗本に召し出された。その子の堀田正盛は大名となり、一一万石佐倉藩主《さくらはんしゅ》、年寄並《なみ》（老中）に昇進した。正盛は、家光第一の側近といわれ、家光に殉じている。

最も華々しいのは長男稲葉正勝である。正勝は、譜代大名に取り立てられ、老中になり、小田原という関東要害の地の藩主として箱根の守護を担った。初期幕政において正勝は、幕閣要路者として重要な役割を演じた。お福自身は、代官町・春日町に屋敷を与えられ、三〇〇〇石の知行を与えられた。これは、女性の領主であるが、期待される働きは軍役《ぐんやく》ではなく、化粧料の理解でよい。また江戸湯島《ゆしま》に天沢寺《てんたくじ》を建立した。この寺は、先に死んだ長男正勝を葬って後は麟祥院《りんしょういん》と称された。お福自身は、長男よりも一〇年ほど長く生きて、死後はみずから建立した同寺に葬られた。

江戸の娘たちの身上り努力

いわゆる「家元制度」が普及していくうえでは、都市の娘たちの修養希望と、その親たちも共有した「身上り」願望が大いに貢献した。

技芸の免許を獲得する習慣は、古くからのもので、「公家家業」と呼ばれる、特定公家の家業を免許される慣行が広がっていた。これは、「受領慣行《ずりょうかんこう》」とも呼ばれ、京都の公家から、営業を公許されて、かわりに免許料を上納するのである。神職《しんしょく》・修験《しゅげん》のような精神的な生業から、鋳物師《いもじ》・鍛冶《かじ》・大工などの建築関係の手工業、手鏡・菓子など生活的な生業にいたるまで、受領慣行は各種の営業世界に広く及んでいた。これは経済の権益が大きな動機になっているが、定期的に対価（上納金）を要求される「身上り」である。中世では技芸の訓練は一子相伝的な秘伝・家伝的な継承のされ方が多く、住みこみ徒弟を仕込んで複数の継受者を育てる近世の徒弟制度とは様相を異にしていた。しかし、公家家業に本家を求め、そこに連なって営業の権益を確保しようとする点では連続している面があった。

競い合う手工業者（職人）が数のうえでも成長したから、江戸時代は、営業利権と共同組織の権威づけを求める免許獲得が、かえって活性化した。技能（被服、鋳造など）の免許権を保持する公家は、免許上納金が貴重な収入源となった。受領慣行と呼ばれるのは、官位に似た名乗りや公称を許されるためである。

しかし、家元制度といわれる、後世にまでつながる芸事習得のシステムは、公家家業の技芸免許とはいささか異なる。家元制度は、一八世紀後半に形をととのえたとされる。これは、「家元―名取り師匠―弟子」という教授組織が普及した形式を指している。生け花、茶の湯、香、尺八《しやくはち》、舞踊、琴・三味線・邦楽を、教える仕組みでもあり習う仕組みでもある。

一八世紀以降、三都や各地の都市に富裕な町人階層が成立した。近世ではじめに遊芸文化に参入しはじめたのは、こうした商家の当主たちであった。茶・花・俳諧《はいかい》・音曲《おんぎよく》などの稽古は、純粋な遊びというより、同業者の相談ごとを茶屋などで行って後の、余興の座で必要な付き合いのための嗜《たしな》みであった。

それが一八世紀半ばから、行儀見習いのために武家奉公《ぶけぼうこう》を望んだり、良縁を願ったりする町家の娘たちも、琴・三味線・小唄・踊などを習うようになった。娘たちは、長屋《ながや》暮らしの階層にまでは及ばなかったとしても、家持ちの下層にまでは及んだとされる。こうした現象は、江戸時代を貫く文化の低層化の傾向を代表するものでもあった。逆にいえば、時代の文化的活動が、民間社会の需要によって支えられ活気を与えられるということでもあった。

武士が主君に仕えることに「公的」なイメージを加味させて「奉公」と表現することは中世にさかのぼるが、商家・農家ではいつからのことであろうか。ともあれ、こうした奉公には困窮と口減らしのイメージがついてまわり、さらに悪所《あくしょ》（遊郭《ゆうかく》）については、形式は奉公だが人売買のイメージがつきまとっている。

だが、家元制度の勃興と結びつく習い事は、同じ奉公でも、むしろ女性の身上り願望と結びついていた。都市では奉公も貧窮のためではなく、娘の行儀見習い、さらには良縁を願ってのものに変わってきた。町娘たちを女中奉公《じょちゅうぼうこう》に受け入れる武家の側も、「三味線・小唄・踊など心がけ不申候ては、召抱《めしかかえ》不申候習はしの様に成」った（天明七年・一七八七、『植崎九八郎上書』〈『日本経済大典』第二〇巻、啓明社、一九二九年〉）。つまり、武家奉公を望む娘に対して、前もって三味線・小唄・踊などの習得を求めることが、慣行化したのである。

このことが町々に遊芸の師匠を増やした。文化の低層化は、また大衆に迎合する傾向をも伴なった。たとえば茶道の家元制度ができると、茶禅《ちゃぜん》一致自体をも面白がりながら茶事の感覚と技量を向上させる稽古法として、七事《しちじ》式（花月《かげつ》・且座《さざ》・廻り炭・廻り花・茶かぶき・一二三《いちにいさん》・員茶《かずちゃ》）が考案された。

芸能諸流の家元制度の師匠は古代貴族ではなく、免許を許された名取りにとっては家業権威となったが、それより下の弟子たちは生業のためではなく、生活者としての、あるいは一人前になるための修養であった。この点で、公家家業による免許授与とは明確にちがっていた。

「家元」という文言は、宝暦七年（一七五七）の馬場文耕《ばばぶんこう》『近世江都著聞集《こうとちよもんじゆう》』にはじめて使われたとされ、一八世紀後半からの文化現象であった。この技芸階梯制度は、文化の下降による習得者の広がりを、身分制社会に適合させたものであった。

稽古事が盛んになると、家元から直接に免許状を得て正式の伝授の証とすることを希望する者が増えてくる。やがて町師匠（名取《なとり》師匠）は教授権のみを持ち、最終の免許権は家元が独占する近世の家元制度が確立したのである。町人社会の茶道・花道・香道・音曲などの諸流にこの制度が普及し、邦楽諸流をはじめ、あらゆる遊芸文化の社会に広がったが、これを本書の身分意識という角度から見ると、若い未婚女性とその親たちの「身上り」願望のぼうだいなエネルギーに支えられて家元制度が浸透したといえる。そして、それは当面、幕藩体制を揺るがすような性質のものではなく、逆に江戸社会を活性化させ充実させる要素であったとみなすことができる。

身分制を崩す売禄と献金

売禄の藩と買禄の民

近世社会に、「金上侍《きんじょうざむらい》」という通称が生まれた。金銭と引換えに武士身分に身上りしたり、武士に近づくさまざまな資格を得た者を指す言葉である。

仙台藩の「金上侍」

仙台藩の「金上侍」（森嘉兵衛『岩手県の歴史』山川出版社、一九七二年）がいつから始まったか正確な年次ははっきりしない。ただ、その目的が藩財政の行き詰まりを打開するためだったことは確かであり、したがって一八世紀以降の歴史である。「金上侍」は、藩からすれば売禄《ばいろく》、購う側からすれば買禄《ばいろく》の結果として生まれる。

売禄は自領内の者だけを対象にして、領外に売ることはしなかった。だから、財政難打開のためだったとはいえ、家中《かちゅう》編成という発想は、はじめは棄てていなかった。それでも、売禄の制度化は、前章で見たような幕藩体制を活性化させるための身分抜擢という域を超えるもので、幕藩体制を衰退させてしまう身分抜擢であった。

仙台藩の「金上侍」は、身分によって売値がちがっており、いかにも売禄という言葉にふさわしい。だが、藩の側の意識だけでなく、売禄には、社会のなかの身上り願望の強まりを見てとることがゆるされる。社会の側にそうした欲求がなければ、百姓町人の士分化《しぶんか》および軽輩武士の昇進という身上《みあが》り願望にこたえることで財政難を克服しようとする政策は、発想されるはずがないからである。

以下に紹介するのは、一八世紀七〇年代の安永《あんえい》年間より以前のものと推定されている売禄一覧である。

御知行《おちぎょう》　一〇〇両につき持高《もちだか》に付、下さる分は一〇〇文《もん》。百姓付《ひゃくしょうづき》は五〇〇文

百姓に屋号御免《やごうごめん》　二五両

百姓に麻裃《あさかみしも》御免　五〇両

百姓に帯刀《たいとう》御免　五〇両

帯刀御免・百姓旅行中一疋分家中荷札御免　五〇両

百姓に苗字御免　一〇〇両

百姓に絹紬《きぬつむぎ》御免　一〇〇両

百姓から組扱並《なみ》	二五〇両
百姓山伏《やまぶし》を百姓人別除外	二五〇両
百姓から大肝入格《おおきもいりかく》	三〇〇両
百姓から組士《くみし》	五〇〇両
百姓から郷士格《ごうしかく》	五五〇両
百姓から大番組《おおばんぐみ》	一〇〇〇両
百姓から大番組　並郷士格	一〇〇〇両
足軽組扱《あしがるぐみあつかい》、服紬着用御免	七〇両
凡下扶持人《ぼんげふちにん》に苗字御免	七五両
扶持方一人分	八〇両
足軽から組扱	二〇〇両
組士から大番組	四〇〇両
組扱から組士	四〇〇両
郷士格から大番組	四〇〇両
郷士格から大番組	四〇〇両

並之郷士格
郷士格の子弟、郷士格に　四〇〇両
召出し
大肝入格から御番外士　四〇〇両
組扱並から郷士　四五〇両
組扱から大番組　七〇〇両
組扱から大番組之郷士格　七五〇両

冒頭の「御知行」規定は意味がはっきりしないが、売禄表の最も安いものに、二五両の「屋号」、五〇両の「麻裃」「旅行中一疋分家中荷札」（公用荷物扱い）、一〇〇両の「苗字」「絹紬」などがある。これらは、民間社会に少しでも周囲に対して差別化差異化を実現したいという願望が根強くあることを物語る。「百姓山伏を百姓人別除外」に二五〇両とは、通常の人別帳から外すということだが、もちろん普通の帳外れではない。士籍扱いという士分化でなければならない。

これ以後に「安永の定法《じょうほう》」と呼ばれる売禄制に変化したが、これらがすべて半額以下になった。身分の安売りが進んだのである。身分制保守にくらべて財政優先の立場に比重が移されていったといえる。

仙台藩の藩財政は、『宮城県史2　近世史』によると、一八世紀後半に入った宝暦《ほうりやく》九年（一七五九）には七万六九九八両の歳入に対して、一九万五〇〇三両の歳出で、一二万二〇〇〇両弱の赤字であった。藩内では、地方知行《じかたちぎょう》制度（藩士の百姓直接支配）の廃止による藩財政の解決案が何度も出されていた。しかし、「古来の家柄の者」の抵抗によって実現できなかった。かりに地方知行制を廃止して俸禄制《ほうろくせい》に変えても、藩財政がやがて逼迫《ひっぱく》することは津藩や加賀藩など俸禄制の諸藩をみれば明らかである。

多くの藩と同様に仙台藩でも大名貸商人《だいみょうがし》からの借金、領内の富商・富農からの随時用金徴収によって財政を賄《まかな》ってきたが、それにも限度があった。藩は、家中からも百姓からも、明和《めいわ》二年（一七六五）に借上げを命じている。このころ「金上侍」が政策化されたのである。

明和四年の関東諸川普請助役《しょせんふしんすけやく》では、士農工商《しのうこうしょう》から献金を命じたが、「金上侍」の番外士安倍清右衛門《あべせいえもん》ほか一〇名が大番士に取り立てられた。安倍清右衛門は仙台城下の材木町の町人で、木綿商人だったが、前年の明和三年に、献金によって「二十人扶持」の番外士に取り立てられていた。すでに番外士に身上りしていたから、大番士に身上りするためには、四、五〇〇両の献金だったと推定される。

清右衛門のほかにも、町方《まちかた》の商人や村方《むらかた》の大肝煎《おおきもいり》、肝煎、組頭《くみがしら》、百姓らが、献金高に応じて知行や扶持米《ふちまい》を給与された。安倍清右衛門は安永《あんえい》八年（一七七九）には、「出入《でいりの》司《つかさ》」に任命され、五〇〇石の役料《やくりょう》を与えられることになった。さらにそれ以後、買米で蓄財して士民の批判を浴びた。

盛岡藩の売禄定価

盛岡藩でも、一八世紀の初めから、事あるごとに家中からの知行「借上」を命じて藩財政を補っている。水稲北限での農作不安定も盛岡藩の財政難の大きな要因になった。藩は、安永二年（一七七三）にはついに売禄の定価を示している（前出、森嘉兵衛『岩手県の歴史』）。

給人・与力《よりき》　一〇石に付き　四〇両
牢人《ろうにん》から与力格　一〇石に　五〇両
新規与力　一〇石に　七〇両
与力から給人《きゅうにん》格　六〇両
在給人から盛岡給人　四〇両

ここでの「給人」（地方支配身分）は郷士の身分に等しいといえよう。同じ給人でも、村方居住か城下居住かでは格に差がある。一般に「牢人」（浪人）から正規の藩士になるのはきわめてむつかしいというのが近世のイメージであるが、この定価表では金さえ用意できれば藩士の格が得られる。盛岡藩の売禄表は、民間に潜在している身上り願望をたくみにすくい上げるように作られている。

それでも高価と受け取られて買禄者が思うように募《つの》れなかったのか、盛岡藩は天保《てんぽう》一四年（一八四三）には価格を下げた。与力から給人に身上りするのには六〇両かかったが、それを三分の一の二〇両に下げた。それより以前の天保六年（一八三五）の買禄者が『南部藩雑書』からわかっているが（前出、『岩手県の歴史』）、合計で三四三人が身分を買い、金額にすると六二三四両、石高《こくだか》にして六〇五石《こく》であった。貨幣で、武士の身分と同時に年貢免除地を買うのである。一〇〇パーセント武士になるのではなく、四〇石の百姓が、一〇石分の四〇両を出して給人となっても、三〇石分は百姓として年貢負担者のまま、と解釈される。しかし、その家格意識においては、士分化が達成される。

また、「金上侍」ではないが、一九世紀になると、盛岡城下町の諸町役人に対して苗字帯刀を許可している。これは町からの出願によるものか藩の政策が先であったかはわからないが、ともあれ、町役人に士分的な社会的地位を与えて藩機構の側に取り込もうとしたことはまちがいない。そうした迎合政策が効果をあげたとすれば、町人社会の側にもそれを歓迎する気分があったことになる。

献金郷士の増加

郷士身分の成立

郷士《ごうし》という呼称は一般名詞であり、それぞれの領域で所の事情に即した名称があった。共通するのは、農村居住で持高《もちだか》に対しては知行地《ちぎょうち》ではなく百姓《ひゃくしょう》並《なみ》に名請《なうけ》するが、武具（鎧一領《よろいいちりょう》・刀槍《かたなやり》）を常備し、苗字帯刀《みょうじたいとう》、屋敷家屋の格式の表現（門構《もんがま》えなど）をゆるされ、士分の扱いを受ける身分であった。郷士は、近世武士の属性の片面である兵士的な機能を求められたが、近世武士のもう片面の機能、治者（官僚吏僚《りりょう》）の役割は求められず、したがってその面にある誇りや任務の意識は養われなかった。

むしろ郷士層には、大庄屋《おおじょうや》・庄屋などの百姓世界の側の役人を勤めることが求められ、御《お》百姓《ひゃくしょう》意識と武士意識のあいだに帰属意識（アイデンティティ）が引き裂かれるところがあった。つまりは、武士と百姓に両属する境界身分が、社会変動の結果ではなく、近世身分制として作られていったのである。士農工商《しのうこうしょう》という通称には、十分な江戸時代史としての意味があるが、それは身分制社会の「象徴」言語であり、実態ははるかに複雑であった。

現実に生存する人々を身分制から見ると曖昧な存在が多かった。士農工商でも、身分は家格、いわば家分《いえぶん》であり、百姓が一家に二人ということはない。だから女性は後家当主でなければ身分なしである。男でも、隠居《いんきょ》や倅《せがれ》は百姓ではない。女性は百姓の女房（妻）や娘であり、男性は百姓の親や倅である。身分階層に属しており、それにふさわしい処遇を内外から受けるが、百姓ではないのである。

これに対して、郷士はそうした曖昧《あいまい》さとは異質な、両属的な曖昧さがついてまわり、その意識や行動にも境界・両属からくるものが見られた。津藩《つはん》の郷士である「無足人《むそくにん》」を見てみたい。

法制・法令面から見た津藩史ともいうべき『宗国史《そうこくし》』には、「越前《えちぜん》戒厳之日、高山公《こうざんこう》（高虎《たかとら》）、封内《ほうない》ニ農兵五十名ヲ募ラ」せたことが画期となって、津藩の無足人の制度化が始まったとある。「越前戒厳」とは、将軍秀忠《ひでただ》の時代、元和《げんな》九年（一六二三）に越前福井六七万石の大名《だいみょう》松平忠直《まつだいらただなお》を豊後《ぶんご》に流した際に、忠直の反乱を恐れて、秀忠の内意を受けた大名が出陣の用意をしたことをいう。高虎も兵備を整え、鉄砲大将を中核に鉄砲・騎馬・弓の一六〇〇人を超える諸隊を編成した。その一環として「農兵五十名」が編成された。

高虎は、大坂の陣でも「越前戒厳」でも大軍を率いており、「農兵五十名」はわずかな比重でしかない。無足人は、伊賀《いが》の城代《じょうだい》の指揮下に入り、伊勢《いせ》・伊賀・山城《やましろ》・大和《やまと》に置かれたが、軍事的観点から組織化されたのは伊賀のみであった。それは多分に領内対策として工夫されたもので、大坂の陣の際に伊賀の村民が敵方と通じ上野城《うえのじょう》へ乱入しようとした事件は、農兵徴募の動機になったであろう。

上野城代が、伊賀の土豪《どごう》出身の藤堂采女《うねめ》（本名保田元則《やすだもとのり》）に替えられ、以後世襲となったことは先に紹介したが、島原天草一揆《しまばらあまくさいっき》への出陣準備という時勢認識ともあわせて、一揆構造的な伊賀の在地《ざいち》勢力の掌握の工夫を促し、それが「農兵」召し出しによる安定策を思いつかせたのであろう。藤堂家が入封する前の領主筒井氏《つついし》の時代に土着化を強いられた村の侍《さむらい》の家筋は、伊賀の各所に存続して神社を中心に宮座《みやざ》をつくり、平百姓《ひらびゃくしょう》に対する優位性を保っていた。高虎は、これら由緒を誇る土豪・地侍を百姓と区別し、甲冑長槍《かっちゅうながやり》の常備と帯刀《たいとう》を公認して緊急軍役《ぐんやく》に応じる無足人という藩の在郷下士《ざいごうかし》（郷士《ごうし》）身分に編成したのである。それは、旧土豪・地侍《じざむらい》層の士分化願望に応えて、藤堂家に向けられかねない牙を抜き、「国士まさかの御用」のために藩命に応える奉公人《ほうこうにん》であるという気持ちを満足させる政治的効果があった。

無足人という呼称は、すでに筒井氏時代に使われており、語義は知行地を持たない準士分の意味である。三代藩主高久《たかひさ》は、無足人を選抜して銃隊を編成した。伊賀では小波田新《おばたしん》田《でん》が開発されたが、そこに入植した没落無足人や入百姓《いりびやくしよう》から新たに無足人を採用し、小波田新田鉄砲組一〇〇人を編成し、毎年玉薬《たまぐすり》を与えて鉄砲の調練をさせた。

要するに、無足人は在郷の下士で、具足《ぐそく》・鑓《やり》・鉄砲・馬・家来を備えて出陣・出張に備える「無足」（「無禄」）の者のことである。しかし無足人は、人足役《にんそくやく》（百姓役）ではなく軍《ぐん》役《やく》（武士役）を勤める点で「武士」といえたが（吉田ゆり子『兵農分離と地域社会』校倉書房、二〇〇〇年）、土地経営を家業とし、年貢も納め、五人組に入り、百姓とかわりなく監視された。

いったん無足人が身分化されると、さらにまた家格上昇や分家独立の身上り欲求が強まる。こうして藩の規制と衝突しながら、無足人集団内部での差違化、固定化が進む。伊賀では、元禄《げんろく》年間（一六八八～一七〇四）に御目見《おめみえ》無足人と平《ひら》無足人の身分序列が規定された。御目見無足人は藩主供奉《ぐぶ》を許され、それが特権の意識を生んだ。御目見特権を世襲できる無足人頭と平無足人で藪廻《やぶまわ》り無足人が編成され、鉄砲の実弾調練を行い、城代の査閲を受けた。外に、領内山野を見回る山廻り無足人も編成された。

軍事的出動の機会は幕末までこなかったが、領内治安の役目を山藪の巡回警備や郷中監視で担い、庄屋・大庄屋に任じられて日常の藩政を支える無足人家もあった。伊賀では、天明《てんめい》三年（一七八三）に無足人は一二〇〇人以上に増えていたが、無足人が勤める庄屋は九六人もおり、大庄屋は八人いた。

百姓から無足人へ、無足人から藩士へ

無足人は、初発においてはすべて由緒ある百姓が身上りした家である。

山城国相楽郡北村《やましろのくにさがらぐんきたむら》の梶田家は、持高《もちだか》一〇石四斗《こくと》九升《しょう》五合《ごう》の無足人家であるが、もとは美濃加茂郡《みのかもぐん》に住み、一六世紀初頭に山城の当地に移った。由緒《ゆいしょ》を持つ家筋《いえすじ》の百姓から無足人に取立てられたのは、元和《げんな》五年（一六一九）のことで、山城大和に藤堂家へ領地が与えられてからである。

そして梶田家の八代忠敏《ただとし》は謡《うたい》・太鼓をよくしてたびたび囃子《はやし》を勤めたので、藩主高久の知るところとなって「次《じ》（児）小姓《ごしょう》」に召し出された。しかし、九代俊良《としよし》は普請目付役《ふしんめつけやく》を命じられ、寛保《かんぽう》元年（一七四一）から大名助役《すけやく》の関東鬼怒川《きぬがわ》普請を一八年間勤めて帰郷し、加茂組大庄屋役《かもぐみおおじょうややく》に任じられている。こうして、無事の時代の無足人は、村社会と藩機構に両属して藩政を補塡《ほてん》した。無足人が、士分として備える特別のものを山本家の場合で紹介しよう。津藩領になる大和国添上郡田原郷大野村《やまとのくにそえがみぐんたわらごうおおのむら》に住む山本平左衛門政興《まさおき》は、無足人の

身分で、四〇年間も日記をつける文化人でもあった。日記の元禄五年（一六九二）一二月一四日のところに、藩の「無足人帳」に判を据え、「身上相応」に御供《おとも》を勤めることと、「城和御領下国中山中」に他所から「数十人欠落者《かけおちもの》」が入り込んで捜索の時は「下人五人召連罷出、御用相勤」ることを約束している。また、常備の軍役が、

一、具足一領
一、鑓一筋
一、馬一疋
一、家来十人
一、鉄砲一挺《ちょう》

であることも記録している。しかし実際は、鉄砲は「上野親類共方へ預置申候」とあって、自宅には置いていなかったし、奉行に「家来十人」の意味を質問し、馬の口取《くちと》り、具足持ち、鑓持ち、若党《わかとう》も入れて一〇人であることを確認している。山本家は、持高六六石八斗余、藩主に独礼《どくれい》を許される家筋で、それは無足人社会のなかでも特権であった。現実には、山本家の経営はこのころ窮迫して親族宅に家族が分散して寄寓する状態であった。

無足人には「国士まさかの御用」（「掟書」）にたつべきとする自己認識もあったが、大和の上級の無足人である山本家が鉄砲を伊賀の親類宅へ預けているように、臨戦の意識は

もはや持続しなかった。

境界身分の無足人は、無足人集団のなかでの身上りと同時に、可能なら無足人から本当の武士、すなわち家中への立身《りっしん》を望んでいた。本人の下克上《げこくじょう》感情よりも、一家一族が縁者の誰かの立身を願っているのである。藩のほうは、百姓世界に近いところにいる無足人から、藩政実務者を引き上げようとするのは必然のなりゆきで、近世半ばまでのこうした立身は、すでに見たように幕藩体制《ばくはんたいせい》を活性化させる身分変動である。鷹森藤太夫《たかもりとうだゆう》は、伊賀《いがの》国阿拝郡田中村《くにあへぐんたなかむら》の無足人家に育って、寛文《かんぶん》一一年（一六七二）に藩の小頭役《こがしらやく》に取立てられた。郷代官、郡奉行《こおりぶぎょう》と立身して農政の分野で働いた。

治者身分とはいえないとしても、無足人は当初は由緒を根拠に百姓から取り立てられたが、一九世紀に入るころになると、村役精勤を根拠に取り立てられ、さらに下ると軍資金穀調達の功で無足人に取立てられることが始まった。

この間、無足人家の衰微や没落があり、それは藩にとっても由々しい問題となった。一八世紀前半の享保《きょうほう》七年（一七二二）には「郷中無足人共江御達《おたつし》」を出し、「具足壱領鑓壱筋《すじ》」を常備して「御軍用」を勤めるはずの無足人が、他領で奉公したり、子供が稼ぎ仕事に出たり、嗜《たしな》みもなくなっている状態に警告を発し、身上《しんしょう》が維持できない場合は無足人身分の返上を願い出よと指示している。

一九世紀前半の文化年間（一八〇四〜一八）にも同じ趣旨の触《ふれ》を出し、実際に無足人家を「取放《とりはなち》」や「免許取上」に処している例もある（深谷克己『藩政改革と百姓一揆』比較文化研究所、二〇〇四年）。一八世紀末の寛政《かんせい》八年（一七九六）に津藩を揺るがした地割《じわ》り反対をきっかけとする強訴《ごうそ》・打ちこわしの百姓一揆では、牢死した頭取《とうどり》にも、獄門《ごくもん》になった頭取にも無足人がいたくらいである。

しかし津藩は、藩政の立て直しのために、世襲を超えて、能力ある人材の抜擢に努めなければならなかった。在地に近接した所にいる無足人社会には、この時代に治世の側で必要な人材が存在した。

津坂東陽《つさかとうよう》（孝綽《たかひろ》）は、伊勢国の三重郡平尾村《みえぐんひらおむら》の無足人家の子であったが、京都に遊学した。帰国後、寛政《かんせい》元年（一七八九）に推薦されて、伊賀上野《いがうえの》の文教の教授になり、一五人扶持を給された。津城でも講義を行うことを命じられ、やがて津に在住することを命じられた。さらに、侍読《じどく》に進んで藩主に講義し、第十代藩主高兌《たかさわ》に仕えて刑法の改定、法令の起草、築堤などの普請の建議に助力した。東陽は、古学《こがく》に基づく折衷主義の立場で、経世《けいせい》の実用に役立たない学問は無用とした。尊王《そんのう》意識も強く、楠木正成《くすのきまさしげ》を賛美した『忠聖録《ちゅうせいろく》』という著作も書いた。逆境の時も経験したが、文政《ぶんせい》元年（一八一八）、藩祖高虎の創業志の起草を命じられ、それが藩の聖典的な位置を占めるようになった（『聿脩録《いつしゅうろく》』）。藩校設立にあたっては建議・準備の中心になり、督学《とくがく》（学事の監督者）を命じられて、二〇〇石の藩士になった。生涯、五〇余の著作を残し、『武家女鑑《ぶけおんなかがみ》』『童女庭訓《どうじょていきん》』など女性教育に関する意見も残した。

新無足人の取り立て

津藩は、没落無足人を「絶株《たえかぶ》」にするなど、淘汰を進める他方で、藩政立て直しの人材発掘や藩財政補塡《ほてん》のために、百姓上層から無足人を取り立てる政策を放棄しなかった。

また、上層百姓の無足人への身上り意欲も衰えなかった。伊勢国の新無足人取り立てをまとめた別表を見てみよう。A列は「先祖以来土着の旧家」とされる百姓で無足人に身上りした者は、一七世紀末の天和《てんな》年間（一六八一～八四）の三家で終わっている。次のランクの「由緒之者」は一八世紀中葉の宝暦年間（一七五一～六四）二四家、末期の寛政年間（一七八九～一八〇一）二五家、一九世紀前半の文化年間（一八〇四～一八）二七家も無足人に取り立てられている。「村役精勤」の者、つまり村役人が一八世紀末期から増え、「軍資金穀調達」の者も一九世紀になって増える。由緒にもとづくとされる家でも村役人として精勤したとされる家でも、百姓身分から無足人身分への立身にあたっては、おそらく金穀の拠出が行われたと推測される。広い意味で、献金郷士という性格は全体に強まったと考えられるのである。

表　伊勢国無足人取りたて数

（久保文雄「伊賀国無足人制度の考察」『日本史研究』15号，1952年）

種別＼年号	天和	貞享	元禄	宝永	正徳	享保	元文	寛保	延享	寛延	宝暦	明和	安永	天明	寛政	享和
A	3															
B	4	48	69	13	13	39	9	7	10	5	24	11	18	8	25	6
C			1	5		1			1				1	1	6	
D			1										2		2	
E									1		1					
合計	7	48	71	18	13	40	9	7	12	5	25	11	21	9	33	6

種別＼年号	文化	文政	天保	弘化	嘉永	安政	万延	文久	元治	慶応	明治	合　計	百分比
A												3	0.5
B	27	7						2				345	51.8
C	11	26	32	4	7	11	3	14		7	6	137	20.6
D	11	18	41	2	21	26	1	14	1	14	25	179	26.8
E												2	0.3
合計	49	51	73	6	28	37	4	30	1	21	31	666	100.0

A——先祖以来土着の旧家
B——由緒之者
C——村役精勤 ⎫
D——軍資金穀調達 ⎬ 永世帯刀
E——水害の功績 ⎭

こうして、慶応《けいおう》三年（一八六七）には伊勢側でも無足人は六六六人に増えた。村に常住して経営を持ち、周囲に権威を誇示できる郷士の地位は、ひそかに士分化願望を抱き続ける上層百姓と、支配者の側に立つ者を郷方に配置したい藩とが、折り合いをつけやすい位置であった。藩はあくまでも藩体制の復興、立直しのために郷士を増やし、実際にそうした期待に応える場合もあったであろう。しかし、こうした士分資格の大量発給は、全体としては、仙台藩・盛岡藩の売禄と同じように、身分制の構造を弛緩《しかん》させ、幕藩体制を動揺させる要因となったのである。

百姓社会の平等化圧力

平等化平均化の欲求は幕藩体制《ばくはんたいせい》の全期間を通じて現れたが、体制が揺さぶられる社会変動期の幕末に近づくと、ますます表面化した。それを抑え込もうとする力もまた表面化した。信州伊那谷《いなだに》の幕末に起こった

「南山一揆《みなみやまいっき》」と呼ばれる民衆運動で事情の一端を見よう。

南山一揆の平等化と差別化

南山一揆は、天保《てんぽう》一四年（一八四三）の老中直訴《ろうじゅうじきそ》、安政《あんせい》二年（一八五五）の奉行訴願《ぶぎょうそがん》、安政六年（一八五九）の惣百姓強訴《そうびゃくしょうごうそ》、万延《まんえん》元年（一八六〇）の小前騒動《こまえそうどう》の四つからなっている（平沢清人『百姓一揆の展開』校倉書房、一九七二年）。伊那谷にある海抜七七〇メートル余の神之峰《かんのみね》の南に点在する三六の天竜川《てんりゅうがわ》沿いの山村を、南山郷《みなみやまごう》三六ヵ村と呼んだ。ここは、長く公儀の直轄領で一八世紀の前半から、年貢を貨幣で納める「皆金納《かいきんのう》」の制度

が行われていた。ところが弘化《こうか》三年（一八四六）、南山郷は奥州白河藩領《しらかわはんりょう》になった。どの藩もこのころには海防経費に苦しんだが、白河藩はいくつかの運上制度を新設するとともに、現物米納を命じた。長年の金納は、上納額の定額化になり、米生産に不利な南山郷では諸稼《しょかせ》ぎ仕事によって年貢を補うことができた。金納制度のもとでの生活の仕方が定着している南山郷の百姓は、のちに南山一揆と呼ばれるようになる頑強な運動で抵抗した。勝利か敗北かでいえば、この一揆の結果は勝利であった。

しかし、ここでは勝敗ではなく、この一揆が「身上《みあが》り」や「上下無《うえしたな》し」の欲求とどう関連していたかを述べたい。南山郷三六ヵ村は、空間的にもまとまり、神之峰に対する尊崇感情のうえでも一体感があり、薪木取《たきぎと》り、炭焼き、筵織《むしろお》り、紙漉《かみす》き、荷運びなどの余業的な諸稼ぎに励み、飯米や麦はむしろ買って補うという生活の立て方も共通であった。しかし、その内部に立ち入ると、たんなる貧富ではない身分関係をはじめから内包していた。二〇石余の小村から一八五五石余の大村まで村高《むらだか》のちがいも大きく、農家軒数も村によって違いが大きかった。身分で見ると、村に一軒しか百姓――「壱人百姓《いちにんびゃくしょう》」――がおらず、あとは「被官《ひかん》」と呼ばれる従属的な身分の農家ばかりという村が一〇ヵ村もあるかと思えば、百姓身分だけの村も一六ヵ村あった。あとは百姓だけか百姓・被官の混成である。

南山一揆は、全体としては村役人層の指導・計画で進行していくが、大きな方向としては頭取《とうどり》の身分が下降していく。第二の一揆、安政二年訴願では、一〇人の署名者の訴状が出されたが、そのなかに「壱人百姓」が四人いる。「惣代《そうだい》」だけで見ると、四人のうち三人が「壱人百姓」で、金野村《きんのうむら》壱人百姓三十郎は四八軒もの「被官」を従えていた。「壱人百姓」は、地侍《じざむらい》の系譜をひき、自村の田畑をすべて所持して「被官」を支配する特権百姓だが、領主との関係では百姓身分であり、藩の増徴はその経営にのしかかった。従属する「被官」らにその負担を際限なく転嫁することはできなかった。「被官」らは、小作《こさく》農民化という方向に自立性を高めつつあり、「壱人百姓」らはその勢いに恐怖と反感を強めつつあった。

三つ目の安政六年強訴は、背後での村役人層指導は変わらないが、強訴という集団行動で「惣代」の役割を担ったのは、小前百姓の下層や農外渡世《とせい》の隠居《いんきょ》など四人であった。このなかに「無双の強情者」と評判された六四歳の米川村《よねがわむら》伴助もいた。伴助は、白河藩奉行に対し、強訴百姓を後ろにして堂々たる掛け合いを展開した。この光景を、村役人の中原治部右衛門が『日記』に記録している。強訴徒党は天下の法度《はっと》だと咎《とが》める奉行に対し、伴助は徒党《ととう》強訴を致す様なる事、誰がしでかしました、みなお前のなされ方がよろしくないゆえ、と引き下がらずに論戦し、一揆百姓らもそれに合わせて雲霞《うんか》の如《ごと》く申し立てた（深谷克己『八右衛門・兵助・伴助』朝日新聞社、一九七八年）。

こうして南山郷の百姓は勝利したのだが、「強情者」伴助はそこで止まらなかった。主な願いが叶ったのだから慎んでいるべきだと注意する村役人・「壱人百姓」主導の「惣百姓」結合と袂《たもと》を分かつ形で、伴助は「南山一統小前」の力で救米要求を訴願する行動を企てた。伴助は、そうしなければ勝利の分け前が南山郷の下層民にまで分配されないと考えた。「小前」は村役人層以外の一般百姓の意味である。彼らは急速に盛り上がり、相談や村役人への突き上げを始め、村役人や白河藩原町陣屋《はらまちじんや》に警戒心を抱かせた。

しかし伴助は、百姓身分の者だけを糾合することでは満足せず、被官らにも呼びかけた。伴助之進めに寄り、村々被官共、銘々名前書に印形《いんぎょう》致し、伴助を頼み申す趣、主人達ことごとく立腹の咄《はな》しなり。

と、治部右衛門は『日記』に記録した。しかし、これを我慢できない逸脱として村役人・「壱人百姓」らの反発が強まり、伴助は小前一揆が「心得違《こころえちが》ひ」であることを認めさせられ、一〇日間ほどでこの盛り上がりは潰《つい》えた。

潰えはしたが、この動きはこの土地における平等化と身上り願望の大きなうねりを反映していた。「小前騒動」はじつは「小作騒動」と言いかえてもよいものであった。そこに小前百姓と被官が同じ地平に立てる根拠があった。小作人発生の筋道の一つは、百姓身分の小農民の没落によるものであった。二つは、没落ではなく成長によって、すなわち被官の小作化によるものであった。安政年間（一八五四〜六〇）の南山郷は総石高《そうこくだか》六六二七石余、総家数一〇七四軒（総人数六〇〇三人）、このうち百姓身分八三四軒、被官二四〇軒、修験《しゆげん》二軒であった。つまり二割以上が被官身分である。彼らの願望は百姓への身上りである。これを独立とすれば明確な独立はむつかしいが、独立化の傾向は確実に進んでいた。主家百姓への日常の賦役《ふえき》提供をめぐる抵抗や余業機会の増大が被官の地位を引き上げていく。その帰結が小作人化である。

惣百姓一揆が成功を収めると、小作人らは小作料を、領主に地主が納める年貢率に合わせて引き下げさせるために、「萬場之森へ南山小作人一同大集会」を行い、地主や「壱人百姓」宅へ「多勢押寄せ、承諾之調印、受取廻る」ことを企てた。この記録（『かきあつめ拾遺』五）は米川村名主川手重孝が書いたものである。小作騒動は、地主の訴えに応じた代官の介入で、伴助ら頭取が切り離され、手鎖《てぐさり》、村預け、宿預けなどの処分を受けたが、やがて伴助だけが永牢《えいろう》の形で留め置かれた。伴助は脱獄をこころみ、倅《せがれ》の居宅に設けられた仮牢に移されてからも、勝手に出歩くなど「強情者」ぶりをいかんなく発揮して、明治維新の恩赦で放免される。

南山一揆に戻ると、村役人・「壱人百姓」は被官の上昇を日頃不愉快に思っていたというだけでなく、惣代願書の一条として領主に訴えた。安政七年（一八六〇）二月の惣村役

人物代の一七ヵ条願書の第九条目は、

一、壱人百姓の被官共、先規仕来《しきたり》を相破り、……主人を疎《おろそか》に存じ、我儘押領いたし迷惑仕り候間、右様之義無之様、先規仕来之通り、御歎願奉中上候。

となっている。伴助らに見せない願書である。

その翌月の安政七年三月、大老井伊直弼《たいろういいなおすけ》らに宛てた一揆の最高指導者三名の内願案文《ないがんあんもん》には、被官問題を大きく取り上げている。被官は「御田畑之支配仕らせ、召使」っている者らだが、一人前の「表百姓《おもてびやくしよう》」に取り立てられるということで、「主恩弁《わきま》えず被官共内談」するという状況が生まれ、これを憂慮して訴えたのである。現地代官はともかく、白河藩としては、成長してきた被官を百姓身分に引き上げ、海防経費の膨張した藩の増収を図りたいという考えがあったものと思われる。ちなみに内願《ないがん》とは、一揆の指導層がひそかに続けていた江戸の公儀要路者に対する、一種の「政治工作」で、総体としては南山郷を公儀直轄領に戻し、金納慣行を維持することなど、「惣百姓」の要求を実現しようとする変形の代表訴願だったが、そこに被官支配の堅守という村落支配層としての願望がきわめて率直な形で入り込んでいるのである。

村ぐるみの地士願いと縁切り・駆落ちの女たち

売禄・献金による士分化は、近世身分秩序の弛緩《しかん》、変容を象徴するが、それはどこでも同じ質量で起こったことではない。しかしそれに並ぶような変動期らしい身分上昇は各地でさまざまな形で現れる。

紀伊国伊都郡《きいのくにいとぐん》の和歌山藩領上組赤塚村《かみぐみあかつかむら》で、長年、由緒《ゆいしょ》の家筋を意識し、地士《じし》への上昇を渇望しながら果たせず、ようやく一九世紀六〇年代の万延《まんえん》年間（一八六〇～六一）にいたって、地士の身分への上昇を実現した村役人家がある（深谷克己「由緒地域の村役人家」『国立歴史民俗博物館研究報告』第六九集、一九九六年）。そのことは村内の反発を招いたのではなく、赤塚村にとってもむしろ望むところであった。家格の高い由緒家を村内に持つことは、住民の利益を守り、誇りにかなうことでもあった。

伊都郡赤塚村庄屋
萬三郎

年久敷《としひさしく》代々庄屋役相勤、其方儀、別テ実意ニ致精勤《せいきん》、先達テ村方願之品ニ付、御手入有之候節より難渋凌方稼増之儀、厚ク致世話、年限中、主法通《しほうどおり》無滞業相立候段、御代官分而達之品も有之、奇特成儀ニ付、出格之訳ヲ以、地士申附之。

万延元年（一八六〇）、御用状を受け取った上田萬三郎は「麻上下《あさかみしも》」の正装で代官所《だいかんしょ》へ出頭し、この申渡しを手渡された。

　この地域は、先に見た紀伊の由緒地域ともいうべき所で、中世以来の家筋を誇る須田一統《すだいっとう》が土地の支配層になっていた。そうした地域にあって、赤塚村の上田家は、近世初頭には村の上層とはいえなかった。屋敷地だけで見れば村内一一位（一畝《せ》一八歩《ぶ》）、所持高で見れば村内五位（一七石《こく》一斗《と》余）の名請百姓《なうけびゃくしょう》であった。

　しかし、そのような上田家が近世初期から村役人になっている。この家は、由緒と地士身分を持つ中道村《なかみちむら》上田家の類縁の分家として、赤塚村に拠点を得て自立したらしい。赤塚村も慶長《けいちょう》年間（一五九六〜一六一五）の検地《けんち》で成立する。家伝では、上田家は敏達《びだつ》天皇から始まり橘諸兄《たちばなのもろえ》を祖とし、土着して上田姓を称し、南朝《なんちょう》第二代後村上《ごむらかみ》天皇から家紋を許され、江戸時代に入って庄屋役を勤めてきた。この家伝は、じつは中道村の上田家（地士）の由来でもあり、分家として内容を共有するものの、実態は先にみたような位置にいた。しかし、家筋のためか、由緒家の多い地域社会との交際の円滑さを求められるためか、同家が村役人家になり、以後もたびたび庄屋役を勤めた。

　ところで赤塚村は、一七世紀初期の村成立後、用水問題などを隣村と争いながら近世村《きんせいそん》として成長していくが、このなかで上田家は上田一族からの自立を望んでか、一七世紀後半に小林姓に改姓している。赤塚村の高揚期といってよい。小林家は、本家のように地士に身上りすることを望み続けていたと思われるが、その機会を得なかった。

ところが萬三郎の代になって好機が訪れた。一つは藩の村柄立て直し政策のなかで赤塚村庄屋として小林家が「難渋凌方稼《かせぎまし》増之儀、厚ク致世話」という「精勤」の評価を藩からも得ていたことである。赤塚村は、一九世紀には不耕作地が増え、村柄が行き詰まっていた。ついに救済願いを藩に出し、これに対して藩は銀の下渡しと「縄なひ御仕法《ごしほう》」（縄(綯)をなうこと）の実行を命じた。小林家は仕法を管理する「縄なひ庄屋」を一五年間も引き受けたのである。二つは、母親が中道村地士上田家から入ったことである。そのため地士筋の家であることを主張でき、合わせて、「赤塚村郷庄屋役も相勤、村方ニ而ハ無類旧家之百姓子孫」であることを強調することができた。こうして小林萬三郎は、地士身分を許されて、あらためて上田姓に戻した。

士分化は、江戸時代のどの時期にも探すことができる。だが、時期によって意味合いはちがう。上田（小林）家のような幕末最終段階での地士上昇は、藩からすれば精勤行賞の意味を持たせたものだが、変動期の不安定さが背景にあって、村の推薦を背景に、いわば村ぐるみで得たものである。

もう一つ、一八世紀中ごろからの「名家」「名族」の権威を頼りにした身上り運動を紹介しておこう。上野国《こうづけのくに》で新田氏《にったし》・足利氏《あしかがし》両系統の血を引き継ぎ、徳川家康にも拝謁し、その後一二〇石の知行地を認められ、上州新田郡《にったぐん》の村落に拝領屋敷地を構えた岩松氏《いわまつし》（新田岩松）という家がある。近隣で養蚕が盛んになると、鼠払《ねずみはら》いの護符となる「猫絵《ねこえ》」を養蚕農家に求められ、巧みに描いては与えた。猫絵を頼むというのも、岩松氏にある種の呪術性の力を認めているからだが、さらに、この岩松氏に、苗字帯刀の許可を願い出たり、「出入りの者」として認められることを願う者が、近世後末期に増えた。なかには岩松氏「家来」を偽称する者さえ現れた（落合延孝『猫絵の殿様』吉川弘文館、一九九六年）。

この「猫絵の殿様」の屋敷に、離縁を望む遠近の女性が、その威光を借りるために駆込《かけこ》んできた。上州には、満徳寺《まんとくじ》、男僧寺院、関所、代官所、陣屋など、いくつもの公認の縁切り駆込み所が用意されていたが、岩松氏屋敷がそうした公認の駆込み所だった証拠はない。しかし、残された記録では、岩松氏屋敷への駆込みは、離縁が四七件、駆落ちが八件、女の連れ出し、嫁盗みが五件におよび、幕末にかえって増えた。家来・出入りの資格を求める男たちの身上り願望は明らかだが、女たちの求めたのは「身上り」だったのか「上下無し」だったのか。男も女も、根拠のない訴えをしたのではない。荒唐無稽《こうとうむけい》に見える岩松氏家来偽称の男にしても、揺らいできた居村における自己の優位性の立直しという切実な思いがあった。

それに比して、「殿様」の威光で内済離縁《ないさいりえん》に持ちこみたい女たちは、未婚の娘のような婚姻による身上りを望む段階ではない。そもそも彼女らは、「男性当主《とうしゅ》主導の小家族内の従位権力分有者」としての妻・女房の地位をいったんは手に入れたはずであった。その立場は、自分も待ち望み、家族親戚も喜んだはずのものである。そういう女性が、縁切りのために意をけっして名家の屋敷に駆込む。すでに近世社会は、離縁女性の再婚保証のために、前夫側が横車を押さないという「三行半《みくだりはん》」発給を不文律化している。幕末に近づくにつれて夫や婚家の人間が性悪《しょうわる》になってきたので縁切り願望が高まったというような説明が滑稽《こっけい》で不合理だとすると、不満あるいは我慢できない状態についての、女性の側の変化を想定しなければならない。

彼女たちは、近世的な「ジェンダー身分制」を受け入れ、女房・嫁として夫や舅《しゅうと》姑《しゅうとめ》を立てる「従位権力分有者」としての地位を納得していたと思われる。しかし、一方で、個々の「家運営」における妻・嫁の責任と能力への従来以上に負担・期待の度合いが上がるという社会的な変化が進み、他方で、そうした趨勢《すうせい》も後押しとなって、妻・嫁の側にも、無限に言いなりになるというのではなく、自律・発言の度合いが、徐々にだが上がるという変化が進んだと思われる。

岩松氏に出された駆込み訴状に、「右文五郎儀、至て身上よろしからざる者」（前出、落合延孝『猫絵の殿様』）と、夫の不身持ちを告発しているのも、どの時代にも見られる浮気と悋気《りんき》のようではあるが、辱められることについての妻・嫁の、黙っていない程度、我慢しない程度が強まり、また実家の親が娘の言い分を抑え込むばかりではなく、腰押しする姿勢が強まってきているという変化を見る必要があろう。実の親に対しても、その反対を押し切ろうとする行為である、駆落ち・嫁盗み・連れ出しという男女協同の主張を物語る駆込み件数が少なくないのも、そういう傾向の現れといえるであろう。近世後末期の岩松氏屋敷への女性駆込みには、社会の「御威光」とか身分制に疑問を持っているのではないが、それでも平均として濃縮度を増している、近世女性の身上り願望であり、同時に上下無し願望であるものが、垣間見えるといえないだろうか。

ともあれ、和歌山藩に対する地士願いにせよ、岩松氏への家来願い、駆込み願いにせよ、近世の社会関係から生じるさまざまな綻びや矛盾、あるいは可能性に対して、これまでの近世的法制・機関が解決・対応できなくなった度合いが進んでいるということであり、近世身分制として見れば、その弛緩状況を示唆する出来事にほかならないと考えられる。

賤民社会の身分引上げ

身上りの願望

身上《みあが》りの願望は、あらゆる身分に現れた。しかし願望がかなうことは多くの者にはむつかしく、売禄・献金で士分化がかなう世情となっても、主流は「分相応《ぶんそうおう》」に処することを人にも我にも言い聞かせながら生きるのがよいとされる社会であった。近世では、「大黒天《だいこくてん》」は、瞼厚《まぶたあつ》く上を見ない顔貌が分《ぶん》を守る生き方をよく教示しているとして信仰された。しかし他方で、だからこそ胸の内では身上りが羨望《せんぼう》され、浮上のきっかけを人々はひそかに切望していたのである。

江戸時代には、士農工商《しのうこうしょう》と呼ばれる、いわば公民《こうみん》身分制の上下差別のほかに、良賤《りょうせん》身分制とでもいうべき尊卑《そんぴ》感情をともなう身分差別があった。身上り願望は、良賤の身分関係においても例外ではなかった。そこでは士分化ではなく、良民《りょうみん》（平人《へいじん》）化が視界にあった。

蝦夷地開発計画と労働力

浅草弾左衛門《あさくさだんざえもん》と通称される賤民頭《せんみんがしら》弾左衛門は、もとは関東に覇権を有した後北条氏の権力圏で「皮作」業者を束ねる頭だったらしいが、関東入部《にゅうぶ》後の徳川家康《とくがわいえやす》に仕えた。関ヶ原《せきがはら》の戦いでは首集めの仕事を勤めるなどし（峯岸賢太郎「関東」『部落の歴史　東日本篇』部落問題研究所編刊、一九八三年）、家康や公儀《こうぎ》の権威を背景に、はじめは皮革業集団（かわた）の支配圏・支配力を拡大強化した。やがて他の賤民職業集団に対しても支配権を及ぼそうとし、訴訟抗争を通じて非人頭《ひにんがしら》や猿飼頭《さるかいがしら》の上位に立ち、関八州《かんはっしゅう》と近国の広域にわたって諸種の賤民職業集団を支配する頭の地位を確立した。賤民身分も、近世国家の法制支配の下にあり、正当性は公儀の裁許であった。

一七世紀中葉に浅草谷之村《あさくさたにのむら》（新町《しんまち》）に移された弾左衛門の屋敷は、一万四〇〇〇坪余の「囲内《かこいのうち》」に革屋・雪駄屋《せったや》が二〇〇軒以上も並ぶなかに二六〇〇坪余もの敷地があり、大《たい》身旗本家《しんはたもとけ》に匹敵する門構《もんがま》えであった。そこに「弾左衛門役所」があった。弾左衛門以下の組織は、江戸町奉行の支配を受け、「平人《へいじん》」身分の仕置《しおき》・捕吏《ほり》・牢番などの諸役に従事した。他方で皮革・灯心の営業特権を認められ、配下の賤民集団から年貢《ねんぐ》・役銀《やくぎん》を上納させ、彼らの裁判・処刑も委ねられた。また弾左衛門は、羽織《はおり》着用・帯刀御免《たいとうごめん》の特権を認められた。江戸市中巡回の行列は町奉行《まちぶぎょう》格式に近い駕籠《かご》と供回《ともまわ》りの仕立てであった（中尾健次『江戸の弾左衛門』三一書房、一九九六年）。

近世ではこうした裁判処刑の司法的権能は百姓町人共同体から奪われた――局地的には見られる――が、弾左衛門が束ねる賤民共同組織には認められた。また、帯刀・羽織に見られる弾左衛門の士分《しぶん》性は、近世公儀が良民共同体あるいは公民職業身分社会を直接に編成・裁許する力は持ちえても、賤民共同体あるいは非公民職業身分社会を編成・裁許する絶対的な力はもちえなかったことを示している。

しかし、行刑・技芸・皮革・履物・灯心など周縁社会へ延びる広範な能力は幕藩体制の存続に不可欠であり、それらの把捉しにくい諸集団を統括できる者に対し、治者に似た格式と機能を認めることが必要であった。不可欠な生産・流通分野の職業がなぜ賤視されるかについては、これまでも研究者が取り組み、役分業、衛生清掃、穢禁忌《けがれきんき》などいくつもの説明が試みられていると思うが、本書の理解は、公的有用性の度合いあるいは価値評価が低く、周縁的に見られた領域であることが「起点」になったというものである。

その視角からすれば、江戸時代は、それらの領域の中心部分を国家的掌握の対象にすることを必要とする段階に入ったことが、「社会状態」から「法制状態」へと進展させたといえる。そして、法制状態化にともなう弾左衛門集団のような委任あるいは請負権力の発生が、今度は諸種の職業のその傘下への取り込みに結果したと思われる。そうした推移についても、公儀権威が正当性を付与する立場であったことにはかわりなく、公民・非公民両社会とも、キリシタン禁制《きんぜい》という最も硬質の首輪によってその下につながれている。ちなみにいえば、キリシタン禁制は、天皇・将軍から無宿《むしゅく》流浪者に及ぶ幅で、公儀意志を貫徹できる、超身分領域であった。

ところで、一八世紀後半、清《しん》との貿易を制限されたロシアは対日貿易を強く欲して南下の勢いを示した。医師工藤平助《くどうへいすけ》は『赤蝦夷風説考《あかえぞふうせつこう》』を公儀に献上して抜荷《ぬけに》の増加を指摘し、ロシアとの通商と蝦夷地の開拓を主張した。田沼意次《たぬまおきつぐ》はその献策を入れ、勘定奉行《かんじょうぶぎょう》松本秀持《ひでもち》に蝦夷地《えぞち》の調査を命じた。調査隊は千島《ちしま》・カラフトに達し、アイヌが沿海州の住民と行う山丹交易《さんたんこうえき》を確認し、アイヌも農耕を好むが、場所請負《ばしょうけおい》商人の要請で漁場労働者に固定されていると報告した（大石慎三郎『田沼意次の時代』岩波書店、一九九一年）。

そこで田沼主導の公儀は、蝦夷地に一一六万六四〇〇町歩《ちょうぶ》、石高《こくだか》五八三万二〇〇〇石分の巨大な規模の田畑を開墾する計画を立てた。そして、誰がそれに必要な膨大な労働力を提供できるのかが検討された。一つは、アイヌの農民化という策であった。そしてもう一つが、和人《わじん》世界の非公民賤民社会からの開墾農業者の提供であった。

こうして公儀は、賤民身分層の力に頼ろうとし、田沼意次に抜擢された勘定奉行松本秀持は、関東の賤民頭弾左衛門に蝦夷地入植者について相談した。弾左衛門からは、支配下から七〇〇〇人、この外に、もし弾左衛門の全国への命令権を認められれば六万三〇〇〇人、合計長吏《ちょうり》・非人《ひにん》七万人を蝦夷地開発に従事させるという答えを得た（深谷克己「一八世紀後半の日本」『岩波講座日本通史一四　近世4』一九九五年）。

この時、弾左衛門は「身分の願筋等中立」（『蝦夷地一件』国立公文書館内閣文庫）てたという。この計画は田沼が失脚し、松平定信《まつだいらさだのぶ》政権が関係者を召放《めしはな》ちにするなど処罰したので霧散《むさん》したが、「身分の願筋」とは何だったのか。推測するほかないが、身分制度の下での身上り願望という全社会的な趨勢《すうせい》を考えれば、生命を危険にさらす蝦夷地開発従事者についての、何らかの形での身分引上げという方向での要求が持ち出されたのではないかと思われるのである。

弾左衛門の「平人」化

公民である百姓から思うように人員が徴発できないとき、非公民である賤民にその代替を期待することが幕末にふたたび起こった。公儀というより、「徳川公儀」——将軍諸大名を構成者とする公儀の実質を失ったので——軍によって「長州《ちょうしゅう》再征」が行われようとした慶応《けいおう》二年（一八六六）、軍夫《ぐんぷ》徴発に苦しんだ幕府は第一三代弾左衛門の力を頼んだ。弾左衛門は、幕府の要請を了承し、支配下にある関東の賤民集落に対し、一〇軒につき一人の割合で軍夫を出し、留守家族に対しては出動しない者が出金して年二五両の手当金を与えることを指示した。こうして支配下の「手下《てか》」（「長吏《ちょうり》」）を動かし、総勢五〇〇人が大坂に向かった。慶応三年（一八六七）、弾左衛門配下の「長吏」を軍夫（人足）ではなく、士分の軍役である銃隊に取立てることが検討され、弾左衛門は、その経費を配下の遊女屋や芝居座から徴収することなどを提案した。

それが実行されていくなかで、慶応四年一月、老中稲葉正邦《ろうじゆういなばまさくに》——今や「徳川公儀」でもない「徳川氏権力」であるが——は、人足・銃隊調達の功によって、弾左衛門の「平人《へいじん》」への「身分御引上」を許可した。このことは、配下の賤民集落へも触れ知らされた。

この背後には、徳川慶喜侍医《よしのぶじい》（御殿医《ごてんい》・徳川軍医）松本順《まつもとじゅん》（良順《りようじゆん》）の働きがあったことも指摘されている（前出、峯岸論考）。薩摩藩《さつまはん》の江戸藩邸が弾左衛門と幕府の離間策を進めているのを知った松本は、弾左衛門に接近して身分引上げのことをいざない、みずからも老中や鳥羽伏見《とばふしみ》から逃げ帰った大政奉還《たいせいほうかん》の慶喜に進言し、弾左衛門の身分引上げが実現した。

弾左衛門は、自分一個だけでなく、「譜代家来筋」の六五人の身分引上げも願い出て、これも許可された。ほかに、弾左衛門を「弾内記」（日頃使う内証名《ないしょう》）へ改名すること、「平人」との縁組を認めること、身分引上げを江戸中の武家・住民へ布告することなどを願い出て許された。弾左衛門はまた、江戸町奉行の「与力格《よりきかく》」とされた。

弾左衛門は、引き続き自分と側近の者だけでなく、支配下の賤民に関しては身分の撤廃も願望していた。弾左衛門は、配下の三万五〇〇〇人を働かせた益金を上納し、非常の御用金や銃隊勤務にあてることとの引き替えに「醜名《しゅうめい》」（エタ称）の除去を願い、また全国の譜代大名領「長吏」の支配もゆるされたので、ここからも益金を上納するとして「醜名」の除去を願い出た。そして、同慶応四年二月に病院普請金の拠出を命じられると、弾内記の名で配下集落へ布達を出し、願いどおりに賤民称除去が認められたので――認められたかどうか確証がないとされる――、御恩を謝して上納金を出すように命じている。

近世を通じて、平等化と身分上昇の両方の要求と運動が続いたが、身分撤廃の要求や運動は出なかった。しかし、弾左衛門の慶応四年の活動は、結果的には自分と側近だけが抜け上がることになり、また全国性という点でも限界があったにせよ、身分除去という主張をもっていた点で、身分撤廃運動に最も近いものであった。弾左衛門出願の底辺には、非公民賤民職業集団の「平人」化、すなわち公民化願望がある。近世日本史の最終時点で噴き出た平等化要求とすることができよう。

幕末江戸多摩の身分願望

江戸の学芸と剣術

機会を提供する江戸

江戸は、「身上《みあが》り」の機会が他の都市とくらべてひときわ豊富であった。近年では江戸は、「巨大都市」と呼ばれている（吉田伸之『近世巨大都市の社会構造』東京大学出版会、一九九一年）。変化の時間を考えれば江戸は巨大化都市であって、江戸へ行けばなんとか食える、江戸にはどこかに立身《りっしん》の好機がある、江戸と結びつけば商機もふえると人々が期待したからこそ巨大化したのである。そして、食えなくなった者が食えるようになるのも、意味を広くとれば身上りである。周縁部に場末町、中心部に裏長屋《うらながや》の貧民窟を生み出しながら膨張し続け——古町三〇〇町から大江戸《おおえど》八百八町へ、一八世紀後半の一七〇〇町余へ——、諸国から流入する無宿《むしゅく》・離農者が、野非人《のびにん》やその日暮らしの雑業者となって徘徊状態を生み、飯米《はんまい》供給が揺らげばたちまち打ちこわしの緊張が強まる。これが近世後末期の江戸のイメージである。この限りでは誤っていないが、空間の膨張、職なき者たちの流入は、都市の力の表現でもある。

江戸の力は、江戸住民だけが享受したのではない。一七世紀、川越藩《かわごえはん》の御用《ごよう》商人で榎本《えのもと》弥左衛門《やざえもん》という塩商人がいたが、彼は江戸にも、寛永《かんえい》初年（一六二〇年代）に家屋敷を買って情報を得、取引の便宜をはかっていた。のちに、「天下取の御座所《ござしょ》」（最高権力者の居所）が変わったならば、すぐに「かたわきにても、値段高くとも」、自分の屋敷を買うべきだと述べている（深谷克己『近世人の研究』名著刊行会、二〇〇三年）。江戸の外の商人でも、将軍の膝元に住居を持てば商機が広がるのである。

一八世紀、尾張国《おわりのくに》知多《ちた》郡《ぐん》平島村《ひらしまむら》の豪農《ごうのう》細井《ほそい》家《け》に生まれた甚三郎は、京都・名古屋・長崎で学んだ後、宝暦《ほうりゃく》元年（一七五一）、江戸に出て私塾を開き、両国橋《りょうごくばし》で辻説法《つじぜっぽう》を行い生活の足しとした。それを米沢藩《よねざわはん》士《し》藁科《わらしな》松柏《しょうはく》が実見して感動し、藩主上杉鷹山《うえすぎようざん》に推した。これが機縁となって細井平洲《へいしゅう》（甚三郎）は藩主の賓師《ひんし》に迎えられ、藩の文教政策に貢献した。のちには尾張藩からも招かれて藩主侍講《じこう》となり、藩校・史館両方の総裁を兼ね、庶民教育にも励んだ。江戸に私塾を開くことが、開運と身上りのきっかけになったのである。ただし、平洲の願望を百姓からの身分上昇だけにしてしまうのは適切でない。折衷学派《せっちゅうがくは》の儒教的視座から、社会の改造という、より普遍的な目標を立て、その実践のためにこそ、藩主の信頼と藩機構が必要だったと理解したい。

一八世紀末、高崎藩郡奉行《たかさきはんこおりぶぎょう》として、現在でも利用されることの多い農政手引書『地方《じかた》凡例録《はんれいろく》』を書いた大石久敬《おおいしひさたか》は、筑紫国久留米藩《つくしのくにくるめはん》の大庄屋《おおじょうや》だったが、宝暦四年（一七五四）に起こった百姓一揆についての藩の事後処理を不服として出奔《しゅっぽん》した。各地を遍歴して江戸に入り、旗本家《はたもとけ》の手代《てだい》を勤めるうちに上州高崎藩に召し抱えられた。江戸には総人口（武士・家士《かし》・家族・奉公人）で五〇万に及ぶ武家社会があり、出替《でがわ》り・渡り型になった武家奉公人《ぶけほうこうにん》への機会は他の都市よりもはるかに多かった。そして武家奉公のなかで大石久敬のように正規の藩士に登用《とうよう》される幸運もありえたのである。

一九世紀前半、上州那波郡東善養寺村《なわぐんひがしぜんようじむら》名主《なぬし》林八右衛門は、四二歳の時に身代《しんだい》を潰すほどの借財を背負い込んだ。そこで居宅を売って村から「欠落《かけおち》」し、江戸に流れ込み、麻布《あざぶ》の旗本今井兵左衛門《いまいひょうざえもん》家に奉公した。どのような働きによるものか、八右衛門は一、二年の間に借金を返済して帰村し、家宅を普請《ふしん》している。文政《ぶんせい》二年（一八一九）には名主にも復帰している（深谷克己『八右衛門・兵助・伴助』朝日新聞社、一九七八年）。身上りとはいえないが、名主家が再興するうえで江戸という稼ぎの場が有効だったことはまちがいない。

一九世紀四〇年代に死去した松崎慊堂《まつざきこうどう》は、肥後国益城郡北木倉村《ひごのくにましきぐんきたきのくらむら》の百姓の子供で、寺に入れられたが、一五歳で出奔して江戸に向かい、林家《りんけ》の門人になった。才能を開花させて掛川藩《かけがわはん》に招かれ、藩校の教授になった。晩年は、江戸の目黒で隠居《いんきょ》生活をおくった。当人の能力、勉励はもちろんだが、江戸という場を考えなければ、この生涯も説明できない。

江戸の庶民に生まれた者も、身上り、もしくは身分を超えて文事で交われる立場を江戸で実現できた者は少なくない。一九世紀前半に没した亀田鵬斎《かめだほうさい》は、江戸神田《かんだ》に生まれたが、父親は鼈甲商《べっこうしょう》の通い番頭《ばんとう》であった。鵬斎は、儒学をおさめて江戸学界の五鬼に数えられた。しかし寛政《かんせい》二年（一七九〇）の「異学《いがく》」禁止の「達《たっし》」による弾圧を受け、詩書の世界に避けて生を終えた。学芸は、身分上昇あるいは身分から自由になる可能性を少なからぬ人々に提供した。そして、こうした学者を町方《まちかた》から生み出し存在させた背景は、江戸の民間社会の成熟による受容力であった。

身上りというより、下降することにあらがいながら、実質は町人社会にあって、卓越した町人文化を産出し、なお士分意識を持ち続けようとした身上り努力の人生もあった。江戸の民間社会の厚さが、縦横の職業移動をゆるしてくれることによって可能になる人生であった。読本《よみほん》『椿説弓張月《ちんせつゆみはりづき》』『南総里見八犬伝《なんそうさとみはっけんでん》』で知られる滝沢馬琴《たきざわばきん》は、そうした一生をおくっている。

大名藩邸・旗本屋敷などが多数ある江戸では、世襲譜代奉公《ふだいぼうこう》を望みながら、実際は一代《いちだい》抱《かか》えで「用人《ようにん》」「家士」として主家に仕える下級武士の家族が数多くあった。先に紹介した公儀微臣の御家人《ごけにん》層とは一線を画する、中間《ちゅうげん》・小者《こもの》・若党よりは上位にある、算勘《さんかん》と運営・外渉の能力で武家社会を支える士分層《しぶんそう》である。この身分は、婚姻によって親族家族が士分に属したり商家に属したりし、またある一人が両方を遍歴していくというような、不定形の人生を歩んだ。

馬琴は、旗本（一〇〇〇石）家用人の五男に生まれたが、九歳の時に父が死んだ。長兄が滝沢家の家督を継いだが、主家からは俸禄《ほうろく》を半減され、翌年には失職した。長兄は浪々ののち戸田大学《とだだいがく》に仕えた。さいわい馬琴は他家の養子になった次兄の家に入って家督を継ぐことが約束され、松平家嫡孫の童小姓《わらべこしょう》になったが、嫡孫の横暴に絶えきれず逃げ出した。長兄の家に同居し、次いで叔父の家に移って元服《げんぷく》し、戸田家の徒士《かち》となったが、水谷家《みずたにけ》・小笠原家《おがさわらけ》・有馬家《ありまけ》と主家を変えた。渡り徒士だが先に紹介した公儀御家人の徒士ではなく、私的な奉公であり、用人よりも下位になる警備の者である。このような主従関係は、淡泊で短期的であり、士分的な仕事についているという家の外聞と、たつきのため以上ではない。ただし、旗本家からすれば、こうした家来たちは、私的になってきてはいるが、元来は幕初の旗本軍役令によって義務づけられた抱え侍であった。

この間、馬琴は文芸・医学を学び、町学者の下僕にもなり、地本屋《じほんや》にも奉公した。そして文筆での独立を考え、山東京伝《さんとうきょうでん》に入門した。二七歳の時には、下駄屋の寡婦に入婿し、富商の家守も兼ねて生活を維持し、やがて婿入先を滝沢姓に変えた。手習師匠《てならいししょう》も売薬もしている。

しかし馬琴は、読本作家の地位を築きあげながらも、長男を大名隠居の抱医師《かかえいし》にし、また天保《てんぽう》六年（一八三五）、九歳の孫に持筒同心《もちづつどうしん》の株を買い与えるなど、できるかぎりの士分化へ向けた身上り手段を追求している。馬琴自身は身分境界線を往来しながら生き、稿料で家族の生活を支え、失明後も嫁女の聞き書き能力に助けられて長編を完成させるという従来にない人生を終えた。それでも、士分意識を捨てられなかったし、家格を士分に上げようと大いに苦心した。

こうした想いを持つ両属的な下級武士家族が、江戸には厚い層をなしていた。そして彼らは、武家が多いだけでなく、民間社会が熟成しているからこそ存続することができたのである。

江戸の剣術道場

「下克上《げこくじょう》」時代の「戦士」から「役人」へ、「軍団」から「支配機構」へ、という武士および武士組織の変化が、兵農分離《へいのうぶんり》と総称される近世への移行だったが、それから二世紀を経た一九世紀三〇年代から、ふたたび戦士と戦争の下克上時代の足音が近世人の耳に響き目に映り始めた。兵農分離の体制が揺れつつあるのに、武士の戦士性を強調し、そうした生き方を選ぶ者が次々に現れた。

武芸は、学問と並んで、長年の鍛錬と術技の高さが不可欠であるため、世襲身分制のくびきを脱しやすい領域であった。剣術は、戦国時代よりも無事の世に入ってからかえって盛んになり、鎧兜《よろいかぶと》を着して斜めに構える剣法から、着服・直立での太刀《たち》打《う》ちに変化し、ますます精妙になった。

そういう剣術を、武士の子弟は心身修養の嗜《たしな》みとして、一人のこらず道場に通って学んだ。近世では大小の帯刀《たいとう》は武士の屋敷外での身分標識となった。この点では刀の象徴性・宝器性は高まったが、一方で、一生のうちにあるかどうかわからないながらも切腹《せっぷく》、介錯《かいしゃく》、無礼討《ぶれいう》ち、敵討《かたきう》ち、面目を失わないための果し合いに備えて、常に研ぎ上げておかなければならなかった。仇敵《きゅうてき》を鉄砲や毒薬で殺せばよいというものではない。戦争の主兵器ではないが、名誉・体面を保つための決闘の得物は刀であり、敗れても背中を見せない向こう傷であることが尊重されたのである。敵討《かたきうち》は士農工商ともに、許された実力行使だったが（谷口眞子『近世社会と法規範』吉川弘文館、二〇〇五年）、規範・名誉身分である武士は、そうした局面に対処できる嗜みとして少青年期に道場へ通った。

剣術の流派は近世末には数百を超えたが、それらはおおむね新当流《しんとうりゅう》、陰流《かげりゅう》、中条流《ちゅうじょうりゅう》の三流を源流として増殖したものであった。江戸初期には将軍に兵法指南《ひょうほうしなん》を行う柳生流《やぎゅうりゅう》（新陰流）が、「治国平天下《ちこくへいてんか》の兵法」を標榜して権威のある流派だったが、継承者に恵まれず、しだいに特別の地位を失った。

幕藩どこでも、召抱《めしかかえ》の武芸指南役をおいたが、それだけがすべてだったのではない。三都にも城下町にも、武術の町道場が営まれ、そこにも武士の子弟が通って修行した。農工商、奉公人・職人などからも稽古に通う者が現れた。そして大勢《たいせい》としては、しだいに町道場のほうが栄えるようになった。江戸はとくにそうであった。町道場を営む剣客《けんかく》は、身分は不定形であるものの、士分として遇され、農工商出身であれば身上りの結果となった。武家出身であっても、家を継げない次三男、境界的身分の郷士《ごうし》の出身なら、江戸で道場を営むことができることは、一旗揚げた達成感を味わえる身上りであった。

幕末に近づくと、欧米接近の緊張のなかで、諸藩は競って武備を拡張し武芸を奨励した。武芸の稽古が軍隊としての力量向上にただちに結びつくわけではないが、まずは官僚（役人）化した武士をもう一度「戦士」として復活させるために、武術が奨励されたのである。そうした動きのなかで、心形刀流《しんぎょうとうりゅう》、北辰一刀流《ほくしんいっとうりゅう》、神道無念流《しんとうむねんりゅう》、直心影流《じきしんかげりゅう》、鏡心明智流《きょうしんめいちりゅう》、甲源一刀流《こうげんいっとうりゅう》等々、近世剣術の行き詰まりを打開した新流が次々と現れた。

さらに、幕府が安政《あんせい》元年（一八五四）には講武場《こうぶじょう》（のち講武所《こうぶしょ》）を設置して幕臣に武芸を稽古させ、庶民を入門させる町道場が増えるなど、幕末の剣術はかつてない活気を呈した。実戦性を重視するようになった幕末剣術は、「外患《がいかん》」対応だけを動機にしたものではない。武蔵国多摩《むさしのくにたま》地方などでは、社会の乱流状況に対する「内憂《ないゆう》」が深まり、豪農層を核にした剣術稽古が広がった。多摩農村の「武術習得運動」については、世直しと関連させた研究が進んでいる（杉仁『近世の地域と在村文化』吉川弘文館、二〇〇一年）。

幕末の江戸で、「位《くらい》は桃井、技は千葉、力は斎藤」と評判され、三大道場と呼ばれたのは、士学館《しがくかん》（桃井春蔵《もものいしゅんぞう》）、玄武館《げんぶかん》（千葉周作《ちばしゅうさく》）、練兵館《れんぺいかん》（斎藤弥九郎《さいとうやくろう》）であるが、三人の道場主を見るだけでも、剣術を通じた身上りの動きが見てとれる。

桃井春蔵は沼津藩士《ぬまづはんし》の次男で、江戸に出て、天保《てんぽう》九年（一八三八）年に鏡新明智流の桃井道場に入門し、太刀筋《たちすじ》を見込まれて婿養子となり襲名した。これは、出身の家の身分からすれば上昇とはいえないが、家禄《かろく》を相続できない次男が社会的な居場所を獲得できたという点では身上りと同義である。それを可能にしたのが剣術であり、江戸であった。

千葉周作は、盛岡藩《もりおかはん》領陸奥栗原郡荒谷村《むつくりはらぐんあらやむら》で、馬医の家に生まれた。父親は農耕馬の獣医で、周囲の尊敬は得ていたろうが、藩の秩序では百姓身分である。しかしこの馬医には家伝とする剣術北辰流があった。周作は江戸に出て一刀流の免許皆伝《めんきょかいでん》を受け、諸国を歴遊して北辰一刀流を開き、文政五年（一八二二）に玄武館を開いた。そして、柔軟で簡略な教授法を工夫し、わかりやすい昇級制をもうけて門人を増やした。玄武館は神田お玉が池に拡張移転し、弟の定吉《さだきち》も京橋桶町《きょうばしおけちょう》に道場を開いた。水戸藩の剣術師範にもなり、「馬廻《うままわ》り格百石」となった。門弟三六〇〇人、自身は剣客の立場を貫いたが、坂本龍馬《さかもとりょうま》ほか幕末の志士がこの道場から輩出した。

斎藤弥九郎は、越中国《えっちゅうのくに》射水郡《いみずぐん》仏生寺村《ぶっしょうじむら》出身で郷士の子だともいうが、百姓の長男だともいう。文化九年（一八一二）、江戸に出て旗本家の家僕となった。神道無念流岡田十松の撃剣館に入門し、苦学して儒学・馬術・兵学・砲術も学び、同門の江川太郎左衛門英竜《えがわたろうざえもんひでたつ》の援助で練兵館を起こした。西洋銃隊調練や品川台場の築造、あるいは尊攘問題で献策するなど、もはや剣士というより国士《こくし》の意気込みをもって幅広く活躍した。この道場からも桂小五郎《かつらこごろう》、高杉晋作《たかすぎしんさく》、品川弥二郎《しながわやじろう》、武田耕雲斎《たけだこううんさい》、橋本左内《はしもとさない》など、幕末の志士が多数出た。

このように剣術道場は、領域と身分を超えて集まり、「異見」をぶつけあう場を血気の若者たちに提供した。武芸稽古という身体的高揚の雰囲気のなかで、抱負と知友が生まれ、出身身分に上下があっても、彼らの自己意識を士分化させた。そうして、天下について一家言を持つ志士として羽ばたいていく通路の役割を果たしたのである。幕末社会にあっては、技と志を持つことによって、農家商家の出であっても、剣士、志士、国士、浪士《ろうし》という下克上的な士分の意識を共有し、相互に交わることが可能になった。気位《きぐらい》においては多くの若者がいわば身上りを遂げ、士分化してしまうという空気が生まれた。「浪士」は、主家を離れた無禄の武士という意味では「浪人」「牢人」と同義だが、幕末の暮らしにあえぐ村々で合力を悪ねだりしながら徘徊するのは「浪人」であって、「浪士」ではない。主家に奉公する正規の武士と百姓町人の中間《ちゅうかん》に、政治文化的に「士」の身分が成立する。そして、その仲間に加えられて「僕」と自称し、「君」と相手を敬称することが、身上りの一つの形になったのである。

公儀御料世界の武威と反乱

平均世直しを呼号する武州窮民

政治の統治組織も生活の共同組織も、「内憂外患《ないゆうがいかん》」の大波をかぶりながら立て直しに懸命だった、いわば総復興時代の最終段階の慶応《けいおう》二年(一八六六)、「徳川公儀《こうぎ》」が「長州再征」の軍夫徴発に苦しんで、先に見たように非公民集団の弾左衛門の力をも頼りにして長州藩を攻撃しはじめたころ、徳川公儀の権力基盤といってよい江戸の後背地、武蔵国秩父郡《むさしのくにちちぶぐん》で六月、窮民が蜂起し宿場《しゅくば》を打ちこわした。

これが起点となって、騒動勢が多発的に広域化してふくれあがり、数千人規模の流れがいくつも生まれ、たちまち武州一円、上州二郡に広がっていった。中山道沿いに進んでいく騒動勢、青梅《おうめ》から多摩川沿いに八王子へ、さらに横浜をめざそうとした騒動勢、越生《おごせ》・

寄居《よりい》へ向かい岩鼻代官所《いわはなだいかんしょ》、大宮・小鹿野《おがの》方面へ向かった騒動勢など、参加者は総数で十数万人と推定され、四六〇軒余が打ちこわされた。この騒動は総称して「武州一揆《ぶしゅういっき》」「武州世直《よなお》し騒動」などと呼ばれている（山中清孝「武州世直し一揆」『百姓一揆事典』民衆社、二〇〇四年）。

武蔵国は、厳密な地理的空間ではなく文化的空間として見れば、御料《ごりょう》私領ふくめて将軍の膝元として、幕臣の主家忠誠とは異質な、しかし「東照大権現《とうしょうだいごんげん》」「東照大神君《だいしんくん》」の超越威力にも彩色された、徳川将軍家に対する親昵《しんじつ》さ、つまりは徳川贔屓《びいき》の心情が土壌化している所であった。しかし、一九世紀三〇年代天保期以降は堰が切れたように、村々に諸《しょ》稼《かせ》ぎ貧農が増え、村から掃き出され、在町《ざいまち》、宿場町《しゅくばまち》、城下町、江戸に滞留する帳外れの無宿《むしゅく》、外部から流れ込んでくる溢れ者が数を増した。百姓身分のままで土地の居酒屋にたむろしアウトロー化する者も増えた（高尾善喜「博徒・博徒集団の実証的研究」『アジア民衆史研究第十集』二〇〇五年）。一八六〇年代になると、開港と貿易による市場・価格変動が普通の小前百姓《こまえびやくしょう》を窮民化させた。身分変動ではなく階級変動によって揺さぶられ、徳川公儀不信と有徳者《うとくしゃ》（富裕者）反感が表面化し、間引《まびき》、公事《くじ》、賭博《ばくち》、窃盗、悪ねだりなどで、人気《じんき》は気嵩《きがさ》となり、きっかけがあれば野火《のび》になる窮民層が堆積された。

領主・豪農村役人がこうした状況を放置していたのではない。組合村や大小惣代制《そうだいせい》、八《はっ》州廻《しゅうまわ》りや通報者・案内者の村への埋め込みなどの制度的な改革、教諭と法による掌握、一揆騒動への武力発動など、さまざまな手だてがなされた。豪農村役人ら中間層《ちゅうかんそう》は「政治化」を強め（政治的中間層化）、天下国家論を揚言する者が増えた。また剣術習得が運動化し、実力による村の自衛傾向が進んだ。

武州騒動の眼前の理由は、土地土地によって、生糸改印《きいとあらためいん》政策、諸物価高騰に対する不満と差異はあったが、騒動勢の実力行使の程度は、訴願を優先させる百姓一揆の自己規制的な作法を超えて殺伐さをおびた。窮民勢を生業でいえば、生糸生産の諸稼ぎ農民や大工・桶屋などの職人、さらに「長吏《ちょうり》」も加わっていた。出生地不確かな無宿・あぶれ者も騒動勢の周縁をつくった。窮民化が急速で、開港の影響を感じ取っているだけに先鋭化し、怒りの激発という様相を呈した。騒動勢は陣屋《じんや》を破壊し、代官所の襲撃を試み、横浜開港場、江戸表《えどおもて》への進撃も叫ぶなど、いわば民衆的攘夷《じょうい》感情を発散させつつ、打ちこわしを繰り広げた。行動はなお人身危害、略奪についての自制力を持っていたが、家財・金穀の破壊は激烈をきわめ、「悪党」観が地域をおおった。「暴力化」した騒動勢に対して村々も「悪党」から身を守る自衛の実力行使を遠慮せず、両者の衝突がますます「暴力化」の状況をつくりだした（須田努『「悪党」の一九世紀』青木書店、二〇〇二年）。乱世克服の上に築かれた幕藩体制は、公儀が民百姓《たみひゃくしょう》に「無事」（平和）と「安民《あんみん》」（成立《なりたち》）を約束することで「暴力」と「政治化」を封じ込めて長期に持続してきた。だが、眼前の難問の解決力を弱め、天下への約定を守れず「レイムダック」化した公儀が、下層の過激な逸脱と中間層の「天下物語」(政治向き発言)参入を封印し続けることは不可能であった。

しかし、武州窮民が、行為の「暴力」性と同時に、天下に対して重要なメッセージを送っていたことを見落としてはならない。それは、政治論の形をなさない、行動の声というようなものであった。武州窮民は、地域秩序と村掟を投げ捨てるような高揚と興奮のなかで、「平均世直」「泰平世直」を呼号したり旗印としてかざしたりした。切羽詰まった行動のなかで、かえって深く染みついて心性化している近世日本の政治文化の核心を叫び上げたのである。世直しとは均《なら》すことであり、安民の基礎条件であった。そしてそれは、日本民衆だけでなく東アジア民衆のなかに染み込んでいる平均・均産すなわち平等化願望の表白であった。

また武州窮民層は、地域に深く浸透した「東照大権現」「東照大神君」に彩色された徳川将軍家に対する親昵感情のせいか、政道不信の破壊行為を行いながらも、「平均世直将軍」と、平均も世直しも「将軍」の威力として待望することを示唆する旗をかざしていた。徳川将軍家への親昵心情は、世情が悪化し当節の支配への不信が高まるにつれて、往時をよく見たがり、それを神君家康が「安民」と「無事」をもたらしてくれたという追憶の美化として強まるという関係にある。この点では、武州の窮民も豪農も、ほぼ同じ心情を共有していた。

この二年後の戊辰《ぼしん》の内乱状況のなかで、武州に連なる北関東、上州と野州で世直し騒動が起こったが、そこでも世直しが呼号され、平等化の願望が次のような文言で現れた。上州の騒動勢は、「世直《よなお》し大明神《だいみょうじん》」の大旗を掲げて施米施金を交渉したが、その大幟《おおのぼり》を背にして「貧富のかきならし」を呼びかける者が現れた。野州でも、騒動勢は「世直し」を呼号し、火札《ひふだ》を張り出し、「世直し大明神様」に対して富裕者に貸金徳政《かしきんとくせい》、質物《しちもつ》返還、穀物供給を約束させているが、その空間のなかで起こった村役人の「私欲横領」を攻撃する村方騒動《むらかたそうどう》では、「上下貧福之差別」を無視し、「名主《なぬし》役人も一同（同等）」、世直しだから「上下無《ウヘシタナシ》」という主張が現れた（深谷克己『増訂版百姓一揆の歴史的構造』校倉書房、一九八六年）。

武州騒動も上州・野州騒動も、同質の平等平均意識を噴出させたことは疑いないが、特色をいえば、武州では「君」（「将軍」）の前の平等、上州・野州では「神」の前の平等平均を求めたということになろうか。身分撤廃運動がないところでは、圧倒的多数者の平均化要求は平等化要求と同じなのである（少数者が行えば抜け上がりの特権化運動となる）。ただし、それは民主・人権意識にもとづくものではなく、神前・君前の平等主張である。

「脱武着農」を選んだ八王子千人同心と燻る士族意識

こうした事態を防ぐために、厳正な法だけでなく、上下民衆の「心」を獲るために「諭《ゆ》」の力を動員することが行われた。「諭」とは教諭教令のことで、倫理を表に出し処罰規定を伴わない規則である。これも広く東アジアの仁政徳治《じんせいとくち》型法文明の土台になっているものである。安政三年（一八五六）には、

一、日本を御摑《にぎりカ》り被為遊候公方様《くぼうさま》も、一国を御治め被遊候御大名方も、又一郡を領せ被為成候御旗本衆も、僅《わずか》の村を世話致す人も、一家を営む者も、道理に二ッハあらす、仁義礼智信の五常か本《もと》とかや、夫、仁ハ、上を敬《うやま》ひ下を憐愍《あわれ》ミ何事も私なく務むるを言、……。

から始まる、噛んで含めるような十ヵ条の長文の教諭を触れ出し、「恐れ多くも東照大権現様」「勿躰《もったい》なくも東照大神君様御遺訓」と武州らしい家康恩頼心情へ訴えながら、「身之分限《ぶんげん》」「農業出精《しゆっせい》」を説き、村役人へ連印請書を提出させている（「教諭連印帳」『里正日誌』第七巻、東大和市立郷土博物館）。

これはこの年だけでなく繰り返されているはずであり、また五人組前書《ごにんぐみまえがき》の形で村役人が読み聞かせる教諭もある。しかし、さまざまな公事沙汰《くじさた》、そして慶応二年の大規模な武州世直し騒動を防ぐことはできなかった。ついに武力が発動された。「公儀御百姓」に対し

て武器は用いないという幕藩体制の原則は、一八世紀後半から、民衆運動の変化につれて、手にあまれば斬り捨て、城郭を犯せば発砲へと転換していた。

徳川公儀は、すでに軍制改革されていた西洋式銃隊・歩兵小中隊・別手組に出動を命じ、川越《かわごえ》・忍《おし》・高崎《たかさき》・館林《たてばやし》・岡部《おかべ》の諸藩に対しても藩兵出動の命令が出された。また武州の農兵隊にも出動命令が出され、伊豆・駿河《するが》から農兵を呼ぶ計画もあった。いくつもの騒動勢のうちで、もっとも多くの死傷者と捕縛者を出したのは、多摩の青梅宿《おうめじゆく》を打ちこわし、拝島《はいじま》から八王子《はちおうじ》を経て、横浜へ向かおうとした騒動勢であった。

平均を呼号する騒動勢を迎え撃って壊滅させた武装勢は、八王子千人同心《はちおうじせんにんどうしん》と多摩の江川《えがわ》農兵《のうへい》であった。「千人隊」――この時期、千人同心に西洋銃が配備され陸軍奉行配下となって呼称も変わった――は、日野《ひの》農兵と一緒に騒動勢鎮圧のために働いた。一八世紀末の津《つ》藩《はん》百姓一揆では、頭取《とうどり》や参加者に郷士である「無足人《むそくにん》」が何人も見られたが、武州騒動に加わった千人同心はおらず、敵対関係だけが浮かび上がった。それは、百姓の運動と窮民の運動の違いによるものであった。鎮圧側は、騒動勢を「公儀御百姓」と認めなかった。

千人同心は、一般化すれば、一両具足《ぐそく》を常備し「国士まさかの御用」に備える郷士である。しかし、公儀御料の隅々にこうした身分が配置されたのではない。徳川氏の関東入国を契機に、西からの江戸城・江戸攻撃に備えるために甲斐《かい》武田氏滅亡後臣従した小人《こびと》頭《がしら》・同心を八王子に駐在させたのが千人同心の始まりである。以後、組織を拡大し、八王子に将軍直臣《しょうぐんじきしん》の旗本一〇人を頭として常駐させ、下級武士である一〇〇〇人の同心を多摩に分布させた。そして、甲州の国中《くになか》地方から郡内地方に入る山間の小仏峠《こぼとけとうげ》に関所《せきしょ》を設けて、八王子千人同心を関所役人にあてた。

やがて惣無事《そうぶじ》の時代に移ると、甲州一国も公儀御料となり、西方に対する軍事的緊張は薄れ、千人同心の槍一筋《やりひとすじ》の意義は弱まった。そして新たに日光勤番《にっこうきんばん》、江戸火消役《えどひけしやく》（一時的）、蝦夷地《えぞち》警備など、当面の公儀御用の必要に活用された。千人同心のなかには医学や地誌編纂など、開明的な在村文化人《ざいそんぶんかじん》としての業績をあげる者も現れた。

軍事的緊張の薄らぎは、千人同心家の世襲への緊張をも薄れさせ、やがて同心株《どうしんかぶ》が売買されるようになった。これを買うのは、いうまでもなく上層百姓であり、動機には士分化の欲求が働いている。そして、戦士性が失われるにつれて、実質は特権百姓化が進んだ。

幕末の千人同心は、諸藩でも郷士の正規軍制への組み込みが行われたのと同じように、徳川公儀にとって貴重な戦力源であった。将軍上洛供奉《じょうらくぐぶ》、横浜警備、甲州出兵、幕長戦争などに頻繁に出動した。こうした出征行動は身上《みあが》りの機会にもなった。日野宿《ひのじゅく》の千人同心井上松五郎《いのうえまつごろう》は、幕長戦争に動員されて慶応二年（一八六六）大坂に登った。広島進撃の「親征」を指揮する将軍家茂《いえもち》に、大坂城で「千人銃隊一同御目見《おめみえ》」（松五郎書状）という惣礼《そうれい》が行われた。八王子千人同心は、江戸城での将軍拝謁《はいえつ》はない。将軍直臣《じきしん》では「御目見以下」が御家人《ごけにん》身分《みぶん》だが、それがかなわない千人同心が御家人ということにはならない。だから大坂城での扱いが、上坂銃隊《じょうはんじゅうたい》の身分引上げにつながったわけではないが、特別の扱いであったことはまちがいない。同心から直臣への身上りを実感したのであろうか、松五郎は、郷里の知己に委細の手紙を送っている（『日野宿本陣』日野市、二〇〇四年）。

武州世直し騒動勢を武力制圧したのは、こうした段階の、すでに編成替えされて陸軍に組み込まれた「千人隊」であった。同じ年の幕長戦争では、「千人隊」は砲術方《ほうじゅつかた》として、新時代の西洋銃を装備し、集団戦の訓練を受けた軍隊であった。従軍の辛さはあるとしても、武士としての身上りを実感できる立場であった。

しかし、「千人隊」ではなく、千人同心の家々としてみると、慶応四年（一八六八）から翌年にかけての解体過程で、時勢への対処は一様ではなかった。彰義隊《しょうぎたい》に合流して上野戦争に参戦する抗戦派もいた。徳川家が駿府《すんぷ》七〇万石に移された時、千人同心集団に対して、駿府に従うもよし、新政府に雇用を望むもよしと選択の自由が与えられた。それは、「千人隊」解散令でもあった。これに対し、三様の反応があった。

旗本身分である千人頭《せんにんがしら》は、当然のように徳川氏に随従して静岡に移った。これに従った千人同心は三名で、家族を連れて多摩を去った。二つ目は、朝臣派《ちょうしんは》と呼ばれる六七名で、新政府のもとで「護境隊《ごきょうたい》」を結成して働き、やがて神奈川県兵に編成されていった。

しかし七〇名を除いたほとんどの千人同心は、「脱武着農《だつぶちゃくのう》」と呼ばれる路線を選択した。「帯刀《たいとう》」禁止、村方名主《むらかたなぬし》の支配に従うことなどの「達《たつし》」が下り、旧千人同心は平民《へいみん》として明治維新を迎えた（村上直編『江戸幕府八王子千人同心』雄山閣、一九八八年）。

千人同心の「脱武着農」選択は、幕末の政情から、時おりの稽古・勤番を除けば特権百姓化状態でいられる日常がゆるされなくなり、生死を賭ける軍兵として訓練・動員される過酷さをいきなり経験したことによるところが大きかったろう。駿府へ随従しなくても、彰義隊に入らなくても、徳川将軍家への恩頼感、徳川贔屓、東照大権現への尊崇心情がなくなったわけではない。むしろそういう過激な選択をせずに済む日常を長きにわたってゆるしてくれていたからこその、徳川氏に対する親昵感情なのである。

だとすれば、日本全体が泡だって下克上状況を呈しつつあるが、武州世直し騒動への千人同心の対し方は、訓練された洋式軍隊の意識からでなく、自分たちが住み暮らす村町を踏み荒らす「暴力」を封じる郷里自衛の気持ちを基調にしたものであったろう。彼らの出動がまた地域の「暴力化」状況を層倍にしたのだが、彼らの主観にあっては正当性のある悪党退治であったろう。

ところが、士分化を望まず平民化を選んだはずの旧千人同心だったが、意識までも完全に平民化することはできなかった。それに、士族を主張することには実益もあった。それは士族授産金《しぞくじゆさんきん》の下付である。明治二三年（一八九〇）、二二〇名の旧千人同心が士族授産金の獲得をめざして請願書を提出した。ほかに、六一名の連署で士族復帰を申し出た旧千人同心もあった。みずから選んだ「脱武着農」を了解しきれず、ふたたび地位を引き上げようとした点で、これらは明治に持ち込まれた、未練な「身上り」運動とでもいえようか。

地域農兵と進発兵賦の身分感覚

江川代官所は、武州騒動勢に対処するため、

当支配所江、可打入様子之旨訴有之間、村々農兵差出、見掛次第、可打殺。

という農兵出動令を村々に継立てで命じた。

多摩郡蔵敷村《たまぐんぞうしきむら》名主がこの「書付」を受け取ったのは、慶応二年六月十五日の「夜子ノ刻《ねのこく》」すなわち真夜中である（『里正日誌』第九巻、東大和市立郷土博物館）。村方の人間である農兵に、代官所は村方の人間である蜂起窮民を殺してもよいという指示をだしたのである。正規の農兵だけでなく、「村々人足《にんそく》」も同行した。騒動勢には無宿やあぶれ者も混じっているが、多くは村方の窮民で、騒動の人数がふくれあがるのは、「乱防人より人足早々差出可申旨厳敷掛合《かけあい》」（同前）というように、村々に対して参加を強制してきたからである。村は外から襲われることを恐れただけではなく、村の窮民らが呼応することを恐

れた。

文久《ぶんきゅう》年間（一八六一～六四）以降、幕末社会は外国人襲撃もふくめ、荒れ海の光景がいたる所に見られるようになった。多摩の村々もその荒波を避けることはできなかった。慶応元年（一八六五）、第一四代将軍徳川家茂《いえもち》が「長州征討《ちょうしゅうせいとう》」のために全軍をみずから率いることになり（「御進発《ごしんぱつ》」）、御料所村々に「兵賦《へいぶ》」を命じた。兵賦は、もともと百姓が担う陣夫役《じんぷやく》という人足役だが、長い凍結状態から醒めたように文久期に始まり、家茂「御進発」宣言によって、御料所全域に本格化した。多摩の村々は、人を雇って村の兵賦人員としたが、村の百姓を出す「正勤《しょうづとめ》」も拒めなかった。

多摩の村々は長く千人同心の在郷分布で武威の性格をまとっていたが、この時期、武威の空気はいっきょに濃度を増した。ただ兵賦に限れば、百姓の次男などを不承不承指名し、できれば雇用者（「買揚勤《かいあげづとめ》」）を差し出したいと願い出るほどで、この役を担うことに「身上り」の感情は沸かなかった。

農兵は、兵賦とは別で、嘉永《かえい》年間（一八四八～五四）に海防の観点から建白《けんぱく》が起こり、農兵に取り立て期間中、平時は農業従事だが苗字帯刀《みょうじたいとう》を許可して士分化させようとするものであった。ただし、家格ではなく個々の人格に資格を付けようとするところに、近世身分制の改変が現れていた。開港後は、諸藩でも名称・内容のちがいはあるが、百姓を海防兵力に組み込む農兵制度が作られた。徳川公儀御料では、文久元年（一八六一）に江川英敏《ひでとし》が広域の農兵制を建議したが、江川代官領に限って実現の運びとなった。しかし、続いて文久軍制改革の一環として他の公儀御料代官にも農兵設置の命が出された。

江川代官支配所村々の農兵は、豪農村役人層の子弟を取り立て、組合村単位にまとめ、銃隊中心に二五人を小隊として編成するものであった。調練経費、武器代金などの軍資金も豪農村役人層の献金で賄《まかな》った。そのために農兵はしだいに、「外患」に対処する海防の視点よりも、「内憂」に対処する治安の視点が優越するようになり、当初幕長戦争に出動が予定されていた江川農兵は、武州世直し騒動の勃発によって地域安定を優先させ、大坂出兵中止になった。

騒動勢鎮圧に向かった多摩の江川農兵は、組合別にいうと、田無村《たなしむら》組合農兵、五日市村《いつかいちむら》組合農兵、日野宿組合農兵、駒木野《こまきの》組合農兵、八王子宿農兵などで、伊豆・駿河にも設けられた江川農兵の出動も検討されたが、当地での騒動勃発の懸念から中止された。これらの農兵は、動員された藩兵以上の働き、すなわち蜂起窮民に対して迅速に動いて、より容赦ない攻撃を加えたが、これを支えていたのは郷土自衛という切迫感であったろう。

農兵は、川越藩では小前百姓の反対運動で実現できない事態になったが、徳川公儀御料では、江川代官の先代先々代の厚誼《こうぎ》まで引き合いに出し、将軍の調練上覧の強調、紋付拝《もんつきはい》領《りょう》・苗字帯刀御免の示唆など、丁寧な説得によって支障を来さなかった。江川太郎左衛門に対しては、「御家柄とは申なから英才の御代官」という江川家心服の意識が、農兵制を支える階層には広くあった。江川支配所の「農兵共」への「申渡」には、

……上は国家之御為、下は宿・村無難ニ産業を営ミ、子々孫々一同和楽之基ニ而、支配を為御任置相成而、自分ニ取候而も大慶一段之事ニ候。……

（前出、『里正日誌』第九巻）

とあって、国家のためのみならず村・家・自分のためであることが強調され、「家業等之妨」にならないよう訓練することが指示されている。「舶来」の「ケウエール御筒《（ゲベール銃）》」以下を貸与される身であることも、特別の社会的地位であることの自覚に導いたであろう。武州騒動の鎮圧に功績をあげたことも誇りの感情につながったと思われる。

そうした意味で、農兵は豪農村役人層の強壮な子弟という出身階層の限定性も合わせて、兵賦とは全く異なる「身上り」感情を生み出したことが想定できる。しかし、それは「国家之為」という方向ではなく、「宿・村」の郷土自衛の意義を周囲も期待し、当人もそれを強く意識したであろう。農兵は、徳川公儀、江川代官に権威を与えられて存在できたが、組合村ごとに編成され資金も地元の献金によったため、私兵化とまではいえなくても、組合有力者の采配に影響されがちな地域組織を超えるものではなかったのである。

「旗本八万騎」は徳川氏兵力の強大さを表す慣用句だが、一七世紀三〇年代の旗本軍役規定《はたもとぐんやく》は数のうえでこれ以上である。さらに外様《とざま》大名《だいみょう》より多い譜代《ふだい》大名の兵力が加わるから、敵するものは見あたらない（北島正元『日本史概説Ⅱ』岩波書店、一九六八年）。

新徴組「浪士」から酒井侯委任幕臣「伊賀者次席」へ

しかし、幕末の幕長戦争《ばくちょうせんそう》では、軍夫《ぐんぷ》の徴発さえままならず、郷士《ごうし》の千人同心《せんにんどうしん》や新設の農兵《のうへい》などに将軍「御進発《ごしんぱつ》」の随従を求める有様となった。八万騎の直臣団《じきしんだん》は、必死の軍制改革にもかかわらず、戦闘・警衛の組織として機能しなかった。幕藩体制（将軍幕閣主導の幕藩《ばくはん》結合・公武和融）は、巨体を揺すって生き延びるために足掻《あが》いていたが、日に日に「アンシャンレジーム」（旧体制）化しつつあった。そしてとうとう、江戸や京都の治安・

警備を「浪士《ろうし》」集団、いいかえれば傭兵隊《ようへいたい》に依存した。

逆に見れば、「浪士」として徳川公儀《こうぎ》から傭兵されることは、攘夷《じょうい》の素志を行動で示した藩・村・町の枠におさまれずに腕を撫している剣客志士や、下克上《げこくじょう》状況のなかで、い草莽層《そうもう》にとっては、それだけで「身上り《みあが》」であり、さらに立身《りっしん》を期待できる登竜門の意味を持った。浪人はこのころ村を徘徊する不審な浮浪者も指す言葉になったが、「浪士」は有志者として、下克上状況のもとでの新しい士分意識を表す言葉になった。また、大志を抱きつつも一剣の限界をよく知る者は、想いを遂げる組織を率いることを渇望した。彼らにとっても、浪士採用は好機であった。

このころ、徳川公儀は、かつての公儀よりも多様な回路で献言献策を吸収しようとした。「浪士組《ろうしぐみ》」構想も、こうした献策の一つである。献言者は清河八郎《きよかわはちろう》であった。清河は出羽《でわ》国庄内藩《くにしょうないはん》清河村の、名士を常時歓待する文人村役人の長男であり、上層百姓家から出た草莽の志士である。ただ、父親は八郎が家を出た後に五〇〇両を藩に献金して身上りし、「十一人扶持」、一代限りの「御流頂戴格《おながれちょうだいかく》」、つまり御目見《おめみえ》資格を持つ士分になった。

清河も江戸に機会を求め、昌平黌《しょうへいこう》に学び玄武館《げんぶかん》で北辰一刀流《ほくしんいっとうりゅう》を修行した。同門の旗本山岡鉄舟《やまおかてつしゅう》と深く交わりながら、尊王攘夷論《そんのうじょういろん》を確信し、文久《ぶんきゅう》三年（一八六三）、山岡らを通じて政事総裁職《せいじそうさいしょく》に「天下非常之士」を糾合する浪士組の設立を建言した。清河の場合も、昌平黌の開放性や千葉《ちば》道場《どうじょう》の身分・領域・主義を超えた付き合いが、志を伸ばすうえで小さからぬ役割をはたしている。

山岡鉄舟は、旗本小野家《おのけ》に生まれたが、山岡家を相続し、安政《あんせい》三年（一八五六）、新設の講武所《こうぶしょ》で剣術を担当した。山岡と清河は親交があり、奉戴者のイメージはちがったが、攘夷の熱誠を共有していた。山岡の取次ぎで清河の建言が採用されると、山岡は浪士組取締役を命じられた。松前《まつまえ》から九州に至るまで全国から選ばれた二三六名の浪士組は、京都に着くと、生麦事件《なまむぎじけん》賠償要求のために江戸湾に来航したイギリス軍艦に対する攘夷実行を最優先すべきとして、二月足らずで清河に率いられて江戸へ逆戻りした。しかし、攘夷の実行には上意《じょうい》が必要であり、その指示は下らなかった。ひそかに横浜の外国人襲撃を計画する過激な攘夷主義者清河を、浪士組取締並出役《なみしゅつやく》の旗本佐々木只三郎《ささきただざぶろう》に命じて暗殺させ、その同志を捕えた徳川公儀は、脱走者を除く浪士を、新たに「新徴組《しんちょうぐみ》」として編成しなおし、その組織を酒井家庄内藩《しょうないはん》に「委任」した。脱走した浪士は、攘夷実行に切迫感を抱いていた思想性濃き者であったろう。

将軍不在の江戸の市中身廻りは、諸藩共同責務から庄内藩担当に変わり、家中《かちゅう》の二、三男と新徴組が江戸の警備を担った。不審者と狼藉者《ろうぜきもの》の捕縛、手に余れば斬り捨ても許された点で、かつての火盗改《かとうあらた》めに等しい強権が与えられた。脱走を防ぎ命に従わせるためでもあったろう、徳川公儀は、これら浪士を、探索方《たんさくがた》を意味する「伊賀者次席《いがものじせき》」という下級の士分に取り立て、家禄を与え、家族の同居を許した（「江戸の新徴組」『新選組誕生』日野市立新選組のふるさと歴史館、二〇〇五年）。浪士組応募の剣客は、採用され「浪士」と呼ばれることで、すでに公的性格を強めていた。それがさらに、一代抱《いちだいかか》え同心に近いが正規の幕臣《ばくしん》に登用《とうよう》され、内心では国事よりも正規の武士身分への上昇のほうが大事であった「浪士」にとっては、ここに至ってそれが達成されたことになる。

実質は庄内藩兵化した新徴組は、これ以降京都で生まれる自律性旺盛な新選組《しんせんぐみ》のように内紛することなく、水戸浪士の筑波山挙兵《つくばさんきよへい》（元治《げんじ》元年、一八六四）に走る思想性濃き者も若干はいたが、庄内藩勢とともに薩摩藩邸《さつまはんてい》を焼討ちし（慶応《けいおう》三年、一八六八年）、戊辰戦争《ぼしんせんそう》では庄内で新政府軍と戦った。この推移から見るかぎり、新徴組浪士の多くは、武士への「身上り」、武士として奮戦することのほうに、より重きをおいたと思われる。そして、こうした大量士分雇用は、ちょうど先に見た東北諸藩の売禄《ばいろく》に似て、体制を保守するための決断ではあったが、近世身分制を、近世身分制の手で締め崩すような運びにほかならなかった。

新徴組にも、多摩出身者がいた。日野宿《ひのじゆく》の馬場市兵衛《ばばいちべえ》（扇屋《おうぎや》）の長男兵助は、上洛浪士組に採用されたが、江戸での攘夷決行を選んで帰府し、「新徴組小普請方《こぶしんがた》伊賀者次席」

として「三人扶持《ぶち》・金弐拾五両」給与の、微禄の臣だが身分引上げとなった（『日野宿本陣』日野市、二〇〇四年）。

新選組「浪士」から会津侯預り幕臣「見廻組」へ

上洛浪士組二三六名のうち、ほとんど反転といってよい早さで離京を選んだ二〇名ほどに対して、京都残留を選択したのは近藤勇《こんどういさみ》・土《ひじ》方《かた》歳三《としぞう》（歳蔵《としぞう》）・沖田総司《おきたそうじ》・井上源三郎《いのうえげんざぶろう》・山南敬助《やまなみけいすけ》・永倉新八《ながくらしんぱち》・藤堂《とうどう》平助《へいすけ》・原田左之助《はらださのすけ》ら試衛館《しえいかん》の面々と芹沢鴨《せりざわかも》ら水戸天狗党《みとてんぐとう》離脱浪士である。わずかに一七名ほどで、一割にも満たなかった。しかも攘夷実行の焦眉《しょうび》の目標イギリス軍艦が横浜にあることが知らされ、朝命として関白《かんぱく》から「東下《とうげ》」して「兵端」に備え「粉骨砕身励むべし」の「達《たつし》」も出た。近藤らは、この状況でもひるまず残留した。

政治的興奮のなかで、圧倒的多数者の共同の行動選択に対して、少数者が頑として譲らずにいることはたいへんくるしい。この姿勢を崩させないものは個々の強さともいえるが、その強さを支えていたのは、遠隔の江戸多摩世界が届け続けた無形有形の輿望《よぼう》である。剣術道場試衛館を取り巻く師弟・家族・夫婦・縁戚の関係、江戸多摩を回勤回遊する天然理《てんねんり》心流《しんりゅう》、試衛館寄宿剣士らの生活臭のある人脈、江戸多摩の公儀御料世界に土壌のように染み渡り、世情不安がかえって懐旧的に強めている徳川恩頼の共通心性、その文化空間から近藤らの胸底に響く輿望である。その輿望のなかに、面々が手柄をあげ、士分化を実現することも入る。因縁ある人物の出世は、親族・村・地域にとって誇りであり、実益ももたらす。最近では、近藤勇らをたんなる剣客集団でなく、高い水準の国事見解を持つ「有《ゆう》志《し》集団」として見るべきだという新選組論が現れている（宮地正人『新選組』岩波書店、二〇〇四年）。それでは、彼らの「有志」とは何か。

惣無事《そうぶじ》時代の近世剣術は、治者の心を練る嗜《たしな》みとして、治国と修身を本旨とする度合いが強い。試衛館天然理心流は一九世紀に入るころに創始され、幕末の下克上状況に対応する新流儀として実戦性、総合武術性を強めたが、伝書は「それ天下、士たる者」「士道」などの語句で、「王」と「民」の間にあって使命を全うすることを説いている。試衛館の近藤勇、土方歳三、井上源三郎・沖田総司らは放浪の徒ではなく、廻国《かいこく》修行者でもない。江戸多摩に剣術・類族の濃厚な生活関係を持ち、かつそのことを京都に上ってからも大切にしていた。江戸多摩の世界が彼らとの交誼《こうぎ》を大切にしていたといってもよい。

近藤勇は、多摩郡上石原村《かみいしはらむら》宮川久次郎の三男で、村社会のなかに生まれ、一五歳で兄と一緒に天然理心流三世近藤周助《こんどうしゅうすけ》に入門した。道場は牛込《うしごめ》にあり、周助に望まれて四世を襲名するが、それに先立って近藤周助の実家の島崎家の養子になっている。襲名すると近藤勇藤原昌宜《ふじわらのまさよし》と名乗ったから、民間にあっても「氏姓」と「士道」を意識する位置にある。

新撰組副長の土方歳三は、多摩郡石田村《いしだむら》土方家に生まれ、日野宿《ひのじゅく》の脇本陣家《わきほんじんけ》と縁戚関係を結ぶような階層だが、奉公勤めや家伝薬行商を経験するなど、たっぷり世事を見聞している。新選組副長として、「局中法度《きょくちゅうはっと》」という隊規を設けて粛正《しゅくせい》を重ねたが、「士道」に背かないということは、修業した試衛館では、当然の心構えであった。

井上源三郎は、日野宿の千人同心家の生まれで、兄が同心株《どうしんかぶ》を継いだ。自分は近藤門人として修行を重ね、身を立てる機会を待っていたにちがいない。浪士組として京都に登ってからも千人同心として京都に来た兄と出会い話している。兄の次男泰助《たいすけ》も新選組に入っているから、ここにも濃密な親族意識が見て取れる。ただ、八王子千人同心と新選組とは、組織としてはとくに協力しあう関係ではなかった。敗残新選組が甲陽鎮撫隊《こうようちんぶたい》を編成した時、頼りにした最後の味方は、農兵隊《のうへいたい》のほうであった。

沖田総司は、白河藩士の子だが、試衛館の塾頭的な存在として、多摩の出稽古に廻村する日々を過ごしており、生活は江戸多摩と結びついていた。

天然理心流の試衛館は、江戸に道場を構えて多摩へ出稽古に行くが、八王子のほうにも千人同心身分の者が主宰する盛んな拠点があった。ただ、平同心《ひらどうしん》や豪農村役人層は天然理心流を学んだが、千人同心の組頭《くみがしら》や上士《じょうし》は太平真鏡流《たいへいしんきょうりゅう》を学んだ。天然理心流は、豪農剣術運動として、総復興運動時代あるいは下克上状況のなかで、江戸の大道場の外側、多摩農村を基盤に盛んになった流派であった。

彼らが、江戸多摩から受け取り、「有志」の高揚を感じる事柄はなにか。それは攘夷、あるいは反「横浜」である。攘夷の相手は、「四《よっ》つの口《くち》」を通して長い交流を続けてきた通交通信の異国異域ではない。オランダ人も和親通商《わしんつうしょう》条約《じょうやく》以降は、江戸郊外の寺院にオランダ国王の外交官が領事館を開設しており、オランダ商館の東インド会社との関係ではない。近藤らが浪士組に応じた文久《ぶんきゅう》年間（一八六一～六三）は、開国開港のあおりを実感して日本の上下が、いわば総攘夷者化した時期である。

江戸多摩は、東照大権現《とうしょうだいごんげん》の恩頼感情、徳川家への親昵《しんじつ》心情が強い地域というほかに、もう一つ、おそらく日本のなかでもっとも強い攘夷感情地域であった。どの地域でも大なり小なり「異国」列強の影響は被っている。先に紹介した南山一揆《みなみやまいっき》でも、白河藩は「異国船渡来」を新年貢方式の根拠に持ち出し、その結果、執拗な農民訴訟運動を招いたのである。

しかし、江戸多摩はもっと直接的であった。江戸は開港以後、物流の変動から品不足・物価変動に見舞われ、「五品（雑穀・水油・蠟《ろう》・呉服・生糸《きいと》）江戸廻し令」（万延《まんえん》元年、一八六〇）が出された。多摩では、生糸改印《きいとあらためいん》、諸物価高騰に対する不満が武州騒動《ぶしゅうそうどう》を引き出した。小前百姓《こまえびゃくしょう》が急速に窮民化しており、「横浜」攻撃は彼らの攘夷感情の表現であった。

京都に登った近藤らは、政局次元の煩瑣《はんさ》な力関係のなかで国事を論じる力を身につけていくが、原点は攘夷実行である。公武合体とは、「幕府江真実御委任相成候ハヽ、誠ニ公武御合体」（近藤書翰）であり、徳川将軍主導の攘夷行動を求めていた。中央政局では、対外交渉、主導権争いのなかで、しだいに攘夷論が棄てられていくが、攘夷感情は、武州騒動が慶応二年（一八六六）に勃発しているように、地域社会ではいっこうに弱まらなかった。しかも近藤らは、天下の人士として地元から遊離していくのではなく、密着していた。近藤らの「有志」の内容の多くは、多摩の知友へ書き送った書状から知られるものである。その知友には、文化人もいたが親や親戚もふくまれ、つねに多摩の平均心情と呼応しあっていた。彼らは、一貫して江戸多摩の徳川親昵感情、反「横浜」感情を、公武合体・攘夷実行の「有志」のなかに盛り込んで最後の日まで戦っていた。

それより以前、慶応三年（一八六七）六月、新選組結成から五か年にわたる功労に対して、全隊士に正式の身分格式が与えられた。会津侯預りの立場は、変わらない。隊長近藤勇は「御目見以上《おめみえ》」、副長土方歳三は「身廻組肝煎《みまわりぐみきもいり》」、助勤沖田総司・井上源三郎は「身廻組」、調役は「身廻組並《なみ》」、以下は「身廻組並御雇《おやとい》」であった（松浦玲『新選組』岩波書店、二〇〇三年）。近藤の「御目見以上」は、千人同心の井上松五郎が、大坂城で自分たち「千人銃隊一同御目見」、「御頭両人は御目見以上席」と書き分けている。千人頭はもともと旗本身分であり、近藤はこれと同じ立場になったのである。元高役高あわせて、六〇〇石《こく》といわれる。土方は「七十俵五人扶持《ぶち》」だったというが、これは先述した御家人の徒士《かち》身分にひとしい。この格式授与の時、「二君」への奉公になるからと異論をなす者が出て、組内部に事件が起こっている。

近藤は、「御目見以上」になったことを、いつものように多摩の知己に報じた。近藤、土方らを多摩から支援し続けている佐藤彦五郎は、それ以後も日記に「近藤勇」「土方歳三」と敬称なしで記し、甲陽（甲斐国）鎮撫隊編成の時も、改名の「大久保剛《つよし》・内藤《ないとう》隼人《はやと》」と敬称なしである。天下の人士を郷里から送っているという感慨は沸いたであろうが、疾風のなかでの栄誉である。知友の水準から抜け上がった者を仰ぐ気持ちではない。一〇〇人を超える「浪士」への格式一挙授与が、従来の身分制の昇進作法に照らせば正常でないことは、与える側も与えられる側も知っているはずである。両方が心理の片隅で、本格の江戸身分制の崩れを感知していたのではないだろうか。

甲陽鎮撫隊の自己意識

近藤勇は、甲陽鎮撫隊を率いて甲府城を占拠し、新政府東山道《とうさんどう》軍の「入《にゅう》甲《こう》」を食い止める決戦に向かうに際して、大久保剛と改名した。土方歳三は、内藤隼人と改名した（前出、松浦玲『新選組』）。近世人は名前を容易に変えるが、もてあそびはしない。東山道軍参謀として土佐《とさ》・因幡《いなば》両軍を率いる乾《いぬい》退助《たいすけ》は「入甲」にあたり、姓を板垣と改め、以後は板垣退助で知られる。攻める側、守る側、指揮者の改姓改名にはどういう意味があるのか。

大久保、内藤と主将副将が名乗れば、ただちに連想されることがある。だがそれらは、名門譜代《ふだい》大名のことではあるまい。乾坤一擲《けんこんいってき》の事を今なさんとしている近藤らの心事を忖度《そんたく》すれば、この「大久保」は、家康《いえやす》の関東入国後、八王子に陣屋を構えて代官頭《だいかんがしら》・八王子総奉行として同地に最初の支配体制を整備し、武田遺臣を活かして千人同心の仕組みを設けた大久保長安《ちようあん》の苗字でなければならない。また、「内藤」は、江戸城・府内《ふない》麹町《こうじまち》、四谷門《よつやもん》を経て多摩へ抜ける通り筋に広大な屋敷地を与えられた譜代大名内藤氏（高遠藩《たかとおはん》）の苗字である。後にこの屋敷地の一部をあて甲州道中《こうしゆうどうちゆう》に沿って新規に設けられた宿場《しゆくば》は、内藤新宿《ないとうしんじゆく》と呼ばれた。つまり、内藤は府内外縁、大久保は多摩外縁において、西方甲州からの攻撃を食い止める二段構えの防御線を象徴する仮託である。二人の改名は、江戸多摩の世界を守る決意のメッセージにちがいない――佐藤彦五郎が、日記に慶応四年一二月中は近藤、土方、新選組と記し、三月一日から大久保剛、内藤隼人、鎮撫隊と記してなんの断りもないのは、あるいは改名に郷党の意見、同意があったかもしれないことを推測させる――。

一方、中山道《なかせんどう》を諏訪《すわ》で分流して甲州から多摩へ、さらに江戸府内へ、そして江戸城へ攻め込もうとする東山道軍の土州因州両軍は、「入甲」突破で始まる抵抗を少なくするために、武田家滅亡以来、江戸多摩ほどではないが徳川家に救われたという甲州の人心を、徳川氏から切り離し、江戸攻撃の協力者に変わらせることが大事であった。乾改姓は、家筋が武田信玄の重臣板垣信形《いたがきのぶかた》の末裔《まつえい》であるところから、板垣を公称することで、武田家遺臣・領民に旧主の神霊を奉じ「天朝」に帰順することを説くうえで効果が期待できるからであった。

甲府城は江戸守衛の拠点として、初期には親藩《しんぱん》が続き柳沢吉保《やなぎさわよしやす》が入った後は、一国公儀御料となり、甲府城に勤番《きんばん》を派遣して支配させた。甲州には「武田浪人」という旧臣由緒を持つ社会的身分層が存在し、やがて由緒の偽作を行う者も増えた（山本英二「浪人・由緒・偽文書・苗字帯刀」『関東近世史研究』二八、一九九〇年）。この身分層は、家筋の誇りを持ち江戸の公儀に対して士分的奉公を長年にわたって訴願し続けてきた。「入甲官軍」はこうした士分化願望層を「天朝」の方へ向けさせる必要があった。率先して年貢半減を勝手に約束した高松隊《たかまつたい》は偽勅《ぎちょく》の罪に処されたが、やがて神職者《しんしょくしゃ》、「武田浪人」、国学《こくがく》素養の村役人などから、当時全国的に簇生しつつあった草莽隊《そうもうたい》が甲州にも生まれ、断金《だんきん》・護《ご》国《こく》・蒼龍《そうりゅう》・隆武《こうぶ》の諸隊が東山道軍に「勤王《きんのう》」の立場から協力した。

甲陽鎮撫隊長の近藤は若年寄格《わかどしよりかく》、副長の土方は寄合席格《よりあいせきかく》、甲州分け取りの約束もあったとされることを、疑問視する向きもある。すでに老中会議が崩壊し、裸になった徳川氏権力は、旗本出身の若年寄会議が最高意志決定機関になった。こうしたなかで、今や荒野のような甲州へ雑多な構成者の部隊を率いて出動し、甲府城番《こうふじょうばん》となって指揮権を振るうことが期待される近藤や幹部の面々に、超法規的な身分的資格を許すのは不思議ではない。しかも、隔絶した権威づけが必要であろう。誰が若年寄格に任じたかはともかく、近藤の身上り願望からではなく、指揮権確立のために高い身分名乗りを許すことはありえることである。

しかし、甲陽鎮撫隊は二〇〇人ほどの人員しか集めることはできなかった。隊員編成に関して、注目すべきことが二つある。一つは、「御殿医《ごてんい》」で軍医の松本順《まつもとじゅん》（良順《りょうじゅん》）と近藤勇が、賤民頭《せんみんがしら》弾左衛門《だんざえもん》を尋ねて身分引上げを約束し、これに対して弾左衛門が献金し、手下に洋式調練をさせたという話である。これは先に見た弾左衛門（「弾内記」）と側近の「平人《へいじん》」化と、推移が重なり、実際に甲陽鎮撫隊に参加したかどうかは判断しにくい。ただ、幕長戦争に軍夫提供を非公民賤民組織に徳川公儀が求めたことはまちがいないから、徳川氏権力の最終の足掻きといえる甲陽鎮撫隊に近藤勇が弾左衛門の合力《ごうりき》を求めることは十分ありえた。

徳川方だけではない。将軍の「長州再征《ちょうしゅうさいせい》」を迎え撃つ長州藩でも、正規兵のほかに諸身分の隊が編成された。そのなかで、「維新団《いしんだん》」「一新組《いっしんぐみ》」は、指令者を平人とし、隊士を賤民身分から選んだ。「茶筅隊《ちゃせんたい》」は茶筅身分が自発的に作ったが、無許可で小銃訓練まで行い、奇兵隊《きへいたい》に弾圧された。この藩では、賤民登用にあたって、登用者の身分引上げ、「平常一刀」許可の論もだされた（『部落の歴史　西日本篇』部落問題研究所編刊、一九八三年）。

もう一つは、日野農兵《ひののうへい》・近藤門人の参加である。近藤や土方を後方で支え、その決意を鈍らせなかったのは武州多摩の人脈であったが、その軸足となったのは、日野宿佐藤彦五郎《さとうひこごろう》（脇本陣《わきほんじん》・問屋《といや》・名主、俳号春日庵盛車《かすがあんせいしゃ》）である。土方の義兄（姉の夫）である。鳥羽伏見《とばふしみ》の旧幕軍敗退で新選組解体とする見方もあるが、富士山丸《ふじさんまる》で品川《しながわ》に着船した「近藤并歳三其外局中」面々を迎える彦五郎の目は、どこまでも「新選組旅陣」であった（『佐藤彦五郎日記二』日野市、二〇〇五年）。戦いは続いている。

「大久保剛・内藤隼人」と彦五郎は日記に記しているが、その近藤・土方から「鎮撫隊」に「日野宿門人之内三拾人程」の参加を要請された。これを受けとめ、彦五郎は、自分自身が宰領となって供を連れ、形の上の総師を本陣佐藤家に頼み、実際の参加者として二二人を集めた。この二二人については詳細な裏づけがある（西脇康「甲陽鎮撫隊と日野門人隊」、前出『日野宿本陣』）。門人隊二五人のうち、一六名が武州世直し攻撃に力を奮った日野宿農兵隊、残りは天然理心流近藤門人であると考えられる。農兵も、剣術は日ごろ近藤門人あるいは佐藤彦五郎家の道場で稽古を重ねる者であったろう。彼らは組頭《くみがしら》の倅が多く、平百姓の倅もいる。年齢は二〇代から三〇代の若者である。古参農兵は日野宿を守るために残された。このころ、彦五郎らは資金を出しあって、横浜でゲベール銃よりも性能のよい、銃剣着装の新式元込銃《もとごめじゅう》を二〇挺買いつけ、日野宿の自衛力強化をはかっている。

甲陽鎮撫隊は、甲府城へたどりつけずに勝沼《かつぬま》の柏尾山《かしおさん》で敗北し、人数を増やしつつ本隊を追走していた「日野隊」「日野兵」――のち「春日隊」と通称――は間に合わなかった。農兵・門人の「日野隊」は何を守ろうとしていたのか。東照神君への恩頼心情はあるにしても、旧幕臣の佐幕の信念ではない。武州世直し勢と対峙した際と同じ質の郷土自衛の熱情、しかし今度は取締り出動の比ではなく、日野宿と多摩を、外から蹂躙《じゅうりん》してくる圧倒的に大きな圧力を阻止する自警自衛の戦い、こうした高揚と悲壮が彦五郎の日記から読み取れる。近藤や土方との友誼が起点とはなっているが、それだけではない。日野宿の民にとって、甲陽鎮撫隊は味方として頼りにできる、この時唯一の戦闘力であった。

身分論から見れば、こうした軍事主体、軍事行動自体が、幕藩体制の軍役編成からの逸脱である。旧体制に執着する諸隊であれ、新体制を仰望する諸隊であれ、そこかしこに溢れ出てきているのは、四方八方への逸脱である。身上り願望が上下《うえした》無《な》し的な結果を生み、上下無し願望が身上り願望につながってしまうという、士農工商制身分の坩堝《るつぼ》状況である。

近世から近代へ——エピローグ

幕末日本では、士分化《しぶんか》願望も盛んであり、士分格式を与えることも盛んに行われた。数のうえでは、士分あるいはそれに附属するなんらかの資格を許すことは、江戸時代を通じてもっとも多く行われたかもしれない。ただ、その盛んさは幕藩体制を支える武士身分の権威が増し、それによって幕藩体制《ばくはんたいせい》が強固になっていくということではない。より広い視野から、そうしたことが行われている幕末社会を見ると、「士農工商《しのうこうしょう》」の垂直化ではなく、横列化の身分意識が染み込みつつある。

一九世紀前半の上州那波郡《なわぐん》東《ひがし》善養寺村《ぜんようじむら》（川越藩《かわごえはん》前橋分領）名主林八右衛門の言説は、そうした身分意識を示すものである。

夫《それ》、人ハ則《すなわち》天カ下ノ霊也ト、天照皇太神《あまてらすこうたいじん》モ宣《のたまわ》ク。然《しか》レハ、上御一人ヨリ下萬人ニ至ルマデ、人ハ人ニシテ人ト云字ニ別ツハナ加ルヘシ。最トモ貴賤上下ノ差別有リトイヘトモ、是、政道ノ道具ニシテ、天下ヲ平《たい》ラカニ成サシメンカ為ナルヘシ。士農工商夫々《それぞれ》ノ家業有レハ、其業ヲ大切ニ守ルヘシ。（『勧農教訓録』巻之二）

身分制そのものを否定しているのではない。しかし、身分は「政道の道具」という見方である。生得の属性とは見ない。根本において「人」であるということに区別はなく、「士農工商」はそれぞれの家業の表現であるという見方である。「天照皇太神」という超越的シンボルは、人間は同質の霊という平等論を象徴する。それが「天照皇太神」であることには、明治維新《めいじいしん》について論ずべき課題を残すが、ここでは「士農工商」の近世的公民身分制の相対化と神の前の「上御一人ヨリ下萬人ニ至ルマデ」の平等人間論が、思想家ではなく生活者の声として上がっていることを知っておきたい。

これは、「天は人の上に人を造らず」の身分観と変わらない。天もまた超越シンボルだからである。「士農工商」は、「士」が兵に近ければ「兵農工商」であり、「臣」に近ければ「臣農工商」である。「無事」の時代の八右衛門にとっては、武士は役人の仕事を行う者であろうから、「臣農工商」として横列視されてくるのであろう。いずれにしても、幕藩体制は、身分制観の上でも「アンシャンレジーム」（旧体制）化しつつあることを否定できない。

もともと「士農工商」は中国的古典古代の人民の総称であるから、東アジア諸社会での現われ方を視野にいれなければならない。このことは課題として残したいが、一つだけ興味深いことをあげると、朝鮮史では「士農工商」は、名詞というより動詞であった。「士農工商」を「行う」とはそれぞれが生業に励むという意味である。したがって、「士農工商」という言葉はそれ自体で徳目、倫理の一項目であった。

売禄・献金郷士などによって、幕藩体制が自己のよって立つ近世身分制の骨格をみずから齧《かじ》り倒すような進み方になっていることを本書では再々指摘してきた。だが、これまで述べてこなかったことだが、じつはそれが不徹底であったために幕藩体制が延命できなかったともいえるのである。その意味は、一言でいえば「村役人の吏僚・官僚化」の失敗である。これは、「士分化」問題と近いところにあるが、やや位相が異なっている。

本書で先に、幕藩体制を再活性化させる身上りとして、川崎平右衛門《かわさきへいえもん》や田中休愚《たなかきゅうぐ》（丘隅）の百姓から代官（幕臣）への立身を挙げた。民政官僚を充実させようとする政治姿勢がこうした結果を生んだのである。

近世史の理解として、近年は「近世官僚制」が違和感のないまでに論議されている（藤井譲治『江戸時代の官僚制』青木書店、一九九九年）。官僚制形成の動機、回路については異なる考え方がありえるが、私は近世民間社会の膨張に対応するための民政分野の自律化、肥大化が近世官僚制の進行を促したと理解している。それは武士の役人化であったり、先ほどの百姓からの抜擢であったりするが、しかし、近世後末期の事態はもっと深刻であった。支配者と住民・窮民との狭間におかれた村役人層は矛盾に悩み、それが彼らの「士分化」願望に拍車をかけたのだったが、しかし、名主・庄屋などの村役人の地位そのものを「吏僚・官僚化」(「士分」「臣」化でもよい)、つまり治者にしたのではなかった。

追いつめられた彼らは「政治的中間層」化していくが、その選択は、おおうにして政事を天皇から村で「委任」されることを期待する、いわば「国学的村役人」になることであった(深谷克己『近世の国家・社会と天皇』校倉書房、一九九一年)。つまり幕藩領主は、功績や献金で村落上層の選ばれた者の士分化を認めたが、制度として村役人を士分化することはなかった。近世官僚制をそこまで延長することができず、したがって幕末の荒海のような在地社会を掌握しきれなかった。これを学んだのは、明治国家である。

身上り論にもどって、変化をとらえにくい「ジェンダー身分制」、あるいは「家族身分制」の領域を見ると、ここも静止していない。輩出する志士とともに国事に関与しようとした女性をあげよう。

信州伊那郡山本村《いなぐんやまもとむら》名主の妻松尾多勢子《まつおたせこ》は「勤王論《きんのうろん》」に影響を受け平田派国学《ひらたはこくがく》に傾倒、子育てを終え隠居《いんきょ》の立場になった文久《ぶんきゅう》二年(一八六二)、京都へ出て志士と交わり、探索、連絡、匿《かく》まいなどに活躍した（アン・ウォルソール『たをやめと明治維新』ぺりかん社、二〇〇五年）。全国政治への百姓身分、そして女性の参加という二重の「分相応《ぶんそうおう》」崩れである。また、福岡藩士と再婚して野村姓となった望東《もと》は、夫に死別、剃髪《ていはつ》後、上洛して時局に触発され、帰国後、自宅を勤王志士の交流、匿まいの場所に提供した。捕縛、流刑も経験している。高杉晋作《たかすぎしんさく》の臨終にあたり、辞世の下の句を助けて完結させた故事は、よく知られている。

これらは、士農工商身分を相対化する、国学的政事観に傾斜した一君万民論が、女性を政事の世界に引き出したもので、近世日本の崩壊期らしい平等思想の現れである。それよりもっと変化がわかりにくい、小さな無数の家族に目を転じると、「小家族内の従位権力分有者」として常態化することで中世からの「身上り」を達成していた近世女性が住む家は、近世の安定期には村落共同体・本家共同体の共同体規制のなかにあり、保護（共済）のなかにあった。しかし、近世の長い社会変化は、大筋において個々の家の村からの自立（離反）化を進めた。それは、村落や本家の保護力の弱まりでもあった。くりかえし村の責任が指摘され、村への依存の訴えがなされたが、実質は個々の家を取り巻く環境的な共同組織は弛緩し、機能分化して共済能力を弱めた。

生き延びようとするほど、個々の「家運営」の責任と能力の比重が高まっていった。近世成立とともに「男性当主主導の小家族内の従位権力分有者」となった女性は、そのままの状態を超えて、家族内女性の序列化を求められた。そして、第一位管理責任者（家宰・主婦）となる者の役割・地位をいっそう浮上させ、読み書きなどの知的能力を高めさせて、責任・負担を大きいものにした。同時にその必要が結婚前の知的社会的訓練を引き上げていくことになり、こうした事情の「身上り」を、近代移行期の女性にもたらした。この歩みは、近代移行期の制度的変化から考えてもほぼまちがいないものと思われる。

「治者身分制《ちしゃみぶんせい》」、あるいは「国家身分制」には深入りせず、本書は士分化を中心に観察してきたが、それをめぐる近世を通じての絶え間ない揺れ、幕末下克上《げこくじょう》状況での戦士化と、士分身上り、海防献金と士分身上りについて、その実相を紹介してきた。ただ本書は、そうした士農工商制身分の崩れ状況のもとでの、個々人の身上りにおける真剣さを、揶揄《やゆ》するものではない。

最後に紹介した甲陽鎮撫隊《こうようちんぶたい》の近藤勇《こんどういさみ》や土方歳三《ひじかたとしぞう》の心事に即してみれば、彼らが士分を公許されたことを軽くみたとは思わない。逆であろう。眼前で逆流する時局に抗し、あえて不惜身命《ふしゃくしんみょう》の一戦を挑んだ彼らにとって、「士」というアイデンティティはむしろ非実在的で理念的な「誠」に昇華されてしまう。知行《ちぎょう》の多少、御目見《おめみえ》の以上以下、そうした制度上での旗本《はたもと》か徒士《かち》かは、かりに若年寄格《わかどしよりかく》に引き上げられようと、彼らの今にとってはもはやたいしたことではない。制度が崩壊しつつあることも日々実感していたであろう。それでも彼らにとっては、「大樹公《たいじゅこう》」（将軍）の直臣《じきしん》の「士」であることが自己と他者に確認されればよい。勝利への戦略戦術から遠く飛翔して独歩する「志」、「大樹公」の馬前を守護する直臣として夷敵外敵を撃ち退け、郷里の無事を守護するという多摩の衛士《えじ》的な意志、日本の広さがわかってはいるが、そうした姿勢と視野から事象を常に見ている。そうしたものだったのではないか。

士分化という境界の身分移動のほかの論議は、本書では触れる程度であったが、治者組織の内部に一歩入れば、そこでの身上りと上下無しの葛藤は枚挙に遑《いとま》がない。日本の国家・治者の職階組織が、最頂上では天皇と将軍の位置関係をふくめて疾風怒濤《しっぷうどとう》の勢いで編成替えされたことは、ことわるまでもない。ともあれ明治維新が「四民平等」政策をともなったことが、外国への体面、統治の「手」として理解されてはならないことは、本書の叙述だけでもわかってもらえると思う。「四民平等」は、日本史にそくした歩みの結果の一つであり、それを「ウエスタンインパクト」（「西洋の衝撃」）がさらに増幅させたり偏らせたりした。

繰り返すようだが、明治以降は身分がなくなったのではない。「分」を知ることの強調が、変化が大きいだけに大声になるというせめぎあいのなかで、職階（統治）組織の再編だけでなく、「族籍」編入という名の身分編成が進んだ。それがどのように進み、新しい君臣民社会を作っていったかは近代史の側の興味ぶかい問題である。近世から近代への社会変動の全体像にかかわっていける身分制の論議は、移行期だけでなく近世史自体について、なお未着手の領域が大きいということを最後に指摘しておきたい。

あとがき

士分化《しぶんか》の論議に触発されて現代に話を飛ばすと、ここ何年来、サムライ、武士、武士道などの言葉がよく使われるようになった。歴史への関心の深い底には、不安感とか未来への怯《おび》えのようなものがあるという理解に立てば、そのことは、自分をなんらかの自己規定や形ある形姿に鎧《よろ》いたいという、大げさにいえば主体形成への願望が奥底にあることの表現であろう。「士」という文字が誇りの自己意識を与えることは、近年末尾に「士」をつける社会的資格が増えてきていることからもあきらかである。

日本型市民社会の成熟という未来目標に立つと、そこにはなんらかの形質を持つ市民という主体が存在しなければならない。その時、世界中どこでも同じの、自由平等とか民主民権とか人権尊重とかの理念・価値が無色のまま詰まっただけの市民意識は想像できない。国民国家ごとに異質ではないとしても、歴史上の文明圏・地域社会圏の歴史的形質に影響された人間が市民像の中身であるにちがいない。多少の臭みやアクはついてまわるが、そうした歴史文化的な主体が、地域ごとに再生産されていくものと考えられる。そういう市民主体であってこそ、つぎには自主性のある異文化吸収が可能になるのだろう。

そう考えると、サムライの「志立《しりつ》」からのコースでも、クゲの「遊雅《ゆうが》」からのコースでも、ヒャクショウの「出精《しゅつせい》」、チョウニンの「有得《うとく》」、ショクニンの「極技《きょくぎ》」からでも、あるいは複合型の市民形成でも、どのコースでも、向かう山頂が市民的自己形成ならかまわないように思われる。ついでの告白だが、本書の著者にとって、歴史のなかのいちばん居心地のよい主体的起点はなにかというと、じつは「律儀百姓《りちぎびゃくしょう》」というものであり、それからたどることのできる市民的主体へのコースである。

そうした意味で、サムライ好みの風潮に目くじら立てることはないと考えているのだが、ただし、それらは歴史を起点にするものであるかぎり、歴史からエキスを絞れるところまで絞って得られた、ある形質についての直観的認識が求められよう。かならずしも歴史の実相と同じでなくてもよい。今日、都合よくどの立場からでも使われる「ヨナオシ」という文言は、世直し騒動・世直し一揆の歴史の実相を、厳密に反映したものとはいえない。だが、社会の熱気ある変革というイメージ、平等平均社会への転換というイメージ、ピープルズパワーによる革新というイメージの政治的シンボル用語として日本社会のなかに染みこみ、息づいている。このように濾過《ろか》されてはじめて、国際語として発信できるのである。

本書の、士分化を中心にした身上《みあが》りと上下《うえした》無《な》しの歴史叙述が、そうした意味での、この社会にふさわしい主体形成の意識化にヒントを提供できれば幸いである。著者としては、本書を書き進めるにしたがって、視界が晴れて爽やかになるどころか、身上りと上下無しの関係のむつかしさに足を止めることが増えた。権力とか金持ちとか、どこかに明確な「悪」を措定《そてい》しておいて、そうした外在的な力の悪意ある、あるいは計算された仕掛けとして身上り願望の一話一話を終わらせることができれば、書き手の気持ちはラクである。本書にトピックを提供してくれている一つ一つの個別研究はもっぱら史料解釈と史実確定の厳密さを追うことが仕事だが、本書のような歴史叙述の仕事では、全体への目配りと整合性のある説明が求められる。個々の論文とは異なる論点の開示がどうしても必要になる。研究史で共有されていない用語をもあえて提示しながら、近世諸身分を説明するという思い切ったことをあえてやったのは、そういう必要からである。

身上り願望は、社会の内部から立ち上ってくる欲求である。かつ、上下無しの願望を潜めている場所と同じ場所から出てくる。おそらく、本書のテーマは、「自由と平等」の関係のむつかしさに通底するものなのであろう。そのむつかしさを、歴史学的にだが、引き受けるだけの気力は十分に年齢を重ねた著者にもまだ残っていそうである。

本書の執筆は、一気呵成《いっきかせい》にとはいかなかったので、書けた分だけ吉川弘文館編集部の斎藤信子さんに送ることを重ねた。そのつど第一番目の読者である編集者の質問・注文がつき、おかげで構成や要素の選び方を改めながら進めることができた。まだ答えきれていないむつかしい質問も残っている。それらを胸底において、答え探しの残日をゆっくり歩みたい。

二〇〇六年九月一四日

深谷克己

著者略歴

一九三九年、三重県に生まれる

一九六六年、早稲田大学文学部卒業

現在、早稲田大学文学部教授

主要著書

増補改訂版 百姓一揆の歴史的構造　百姓成立

江戸時代　津藩　近世人の研究

歴史文化ライブラリー
220

江戸時代の身分願望
身《み》上《あが》りと上《うえ》下《した》無《な》し

二〇〇六年（平成十八）十一月一日　第一刷発行
二〇〇七年（平成十九）三月一日　第二刷発行

著　者　深《ふか》谷《や》克《かつ》己《み》

発行者　前田求恭

発行所　株式会社 吉川弘文館

東京都文京区本郷七丁目二番八号
郵便番号一一三―〇〇三三
電話〇三―三八一三―九一五一〈代表〉
振替口座〇〇一〇〇―五―二四四
http://www.yoshikawa-k.co.jp/

印刷＝株式会社 平文社
製本＝ナショナル製本協同組合
装幀＝山崎 登

歴史文化ライブラリー

1996.10

刊行のことば

現今の日本および国際社会は、さまざまな面で大変動の時代を迎えておりますが、近づきつつある二十一世紀は人類史の到達点として、物質的な繁栄のみならず文化や自然・社会環境を謳歌できる平和な社会でなければなりません。しかしながら高度成長・技術革新にともなう急激な変貌は「自己本位な刹那主義」の風潮を生みだし、先人が築いてきた歴史や文化に学ぶ余裕もなく、いまだ明るい人類の将来が展望できていないようにも見えます。このような状況を踏まえ、よりよい二十一世紀社会を築くために、人類誕生から現在に至る「人類の遺産・教訓」としてのあらゆる分野の歴史と文化を「歴史文化ライブラリー」として刊行することといたしました。

小社は、安政四年（一八五七）の創業以来、一貫して歴史学を中心とした専門出版社として書籍を刊行しつづけてまいりました。その経験を生かし、学問成果にもとづいた本叢書を刊行し社会的要請に応えて行きたいと考えております。

現代は、マスメディアが発達した高度情報化社会といわれますが、私どもはあくまでも活字を主体とした出版こそ、ものの本質を考える基礎と信じ、本叢書をとおして社会に訴えてまいりたいと思います。これから生まれでる一冊一冊が、それぞれの読者を知的冒険の旅へと誘い、希望に満ちた人類の未来を構築する糧となれば幸いです。

吉川弘文館

〈オンデマンド版〉
江戸時代の身分願望
身上りと上下無し

On Demand
歴史文化ライブラリー
220

2018年（平成30）10月1日　発行

著　者　深《ふか》谷《や》克《かつ》己《み》
発行者　吉川道郎
発行所　株式会社　吉川弘文館
〒113-0033　東京都文京区本郷7丁目2番8号
TEL　03-3813-9151〈代表〉
URL　http://www.yoshikawa-k.co.jp/

印刷・製本　大日本印刷株式会社
装　幀　清水良洋・宮崎萌美

深谷克己（1939～）

ISBN978-4-642-75620-4